KB269533

모든 기업이 활용할 수 있는 사모펀드의 교훈

좋은 회사 만들기

MEMO TO THE CEO:
LESSONS FROM PRIVATE EQUITY ANY COMPANY CAN USE
by Orit Gadiesh, Hugh MacArthur

릿 가디쉬, 휴 맥아더 지음　　　　　　박수일 옮김

LESSONS FROM PRIVATE EQUITY ANY COMPANY CAN USE

모든 기업이 활용할 수 있는 사모펀드의 교훈

좋은 회사 만들기

이콘

추천의 글

찬사와 비난을 동시에 받는 사모펀드의 냉혹하지만 탁월한 경영 전략을 모든 기업이 활용할 수 있도록 정리한 가치창조 경영기법서.
강력한 권한을 부여하고, 성과에 직접적으로 연동된 사모펀드식 보상제도가 돋보인다.

_ 양채열(전남대학교 경영대학 명예교수, 전 한국재무학회장)

성공경험이 많은 사모펀드 운용사의 관점에서 기업의 운영가치를 증대하기 위한 방안을 제시한 책.
창업 대주주 중심의 경영방식에 익숙한 우리나라 기업들이 기업경영의 다양한 측면을 새로운 각도로 재검토하는 데 필요한 지침이 될 것이다.

_ 김석균(전 KDB M&A실장, 전 포레스트파트너스 PE부문 대표)

투자 후 우수한 실적을 내왔던 사모펀드의 '좋은 회사 만들기' 전략적 접근방식은, 더이상 그들만의 전유물이 아니라 성장을 갈구하는 모든 기업들에게 좋은 교과서가 될 수 있다는 것을 사례를 통해 알기 쉽게 잘 정리한 책이기에 꼭 읽어보기를 추천합니다.

_ 정진송(삼일회계법인 파트너)

숫자와 메커니즘 뒤에 숨겨진 'PE식 기업 운영의 힘'을 깨닫게 하는 책.
현장의 사례를 통해 경영진과 투자자 모두가 공감할 수 있는 진짜 통찰이 담겨 있다.
사모펀드 업계에 막 취업한 후배에게 권하고 싶다!

_ 김석태(키움PE 본부장)

사모펀드Private Equity Fund, PEF는 말 그대로 비공개로 소수 투자자에게서 모은 자금이다. 연기금이나 고액 자산가처럼 제한된 투자자만 참여할 수 있기 때문에 누구나 가입할 수 있는 공모펀드(ETF 등)와는 달리, 사모펀드는 폐쇄적이고 선택적인 방식으로 자금이 조성된다.

이 사모펀드는 종종 리모델링 전문 건축가에 비유된다. 겉모습은 낡았지만 입지와 구조가 뛰어난 오래된 건물을 찾아 새로운 가치를 불어넣듯, 사모펀드는 잠재력이 크지만 개선이 필요한 기업을 인수해 가치를 끌어올린다. 이러한 방식은 성숙 단계의 기업뿐 아니라 성장 가능성이 높은 기업을 인수할 때에도 동일하게 적용된다.

자본시장에서 사모펀드의 위상이 점점 높아지고 있는 이유는 단순하다. 모든 투자가 성공하는 것은 아니지만, 상위권 사모펀드들은 매우 우수한 장기 수익률을 꾸준히 기록하며 투자자들의 기대를 충족시켜 왔기 때문이다. 이들의 성과는 시장에서 사모펀드가 차지하는 신뢰와 영향력을 더욱 공고히 만들고 있다.

물론 사모펀드의 모든 투자가 긍정적 결과만 낳는 것은 아니다. 일부는 단기간의 높은 수익을 노리며 과도한 비용 절감이나 무리한 배당 요구와 같은 약탈적 투자를 진행하기도 한다. 또한 인수 과정에서 과도한 차입(레버리지)을 활용해 기업의 재무 구조를 약화시키는 위험도 존재한다.

그럼에도 불구하고 사모펀드는 앞으로도 기업 구조조정, 산업 혁신, 친환경 분야의 성장 촉진 등에서 중요한 역할을 수행할 것으로 전망된다. 대규모 자본과 경영 전문성을 바탕으로 기업의 변화를 실질적으로 이끌 수 있는 몇 안 되는 투자 방식이기 때문이다. 이러한 이유로 사모펀드는 앞으로도 경제 전반에서 강한 영향력을 유지하며 지속적인 성장이 기대된다.

목차

사모펀드의 장점 소개

최근 몇 년간 사모펀드Private Equity, PE는 비즈니스 뉴스의 주요 헤드라인을 장식해 왔습니다. 한때는 생소하고 다소 이색적인 산업으로 여겨졌지만, 이제는 미국 경제의 중심에 자리 잡았을 뿐 아니라 세계 각국에서도 그 영향력이 확대되고 있습니다. 빠르게 성장하는 신흥시장에서도 사모펀드의 중요성은 날로 커지고 있습니다.

베인앤컴퍼니Bain & Company*는 글로벌 사모펀드 컨설팅 부문을 처음 개발한 경영 컨설팅 회사로, 업계의 성장과 함께 발맞춰 왔습니다. 오늘날 우리의

PE 컨설팅 부문은 세계 최대 규모를 자랑하며, 매년 수백 건에 이르는 인수 대상 기업에 대해 철저한 전략적 실사[**]를 수행하고 있습니다. 또한 사모펀드가 투자한 포트폴리오 기업 및 경영진과 긴밀히 협력해 성과를 높이고 있습니다. 단순히 외부에서 지켜보는 것이 아니라, 최근 몇 년 동안 파트너들이 직접 5억 달러 이상을 사모펀드에 투자해 업계 상위 25% 수준의 성과를 거두기도 했습니다.

이 과정에서 우리는 사모펀드 리더들이 기업 가치를 높일 때 무엇을 잘하는지, 또 어디서 어려움을 겪는지를 독특한 시각으로 파악할 수 있었습니다.

이 글은 특정 기업의 소유 구조와 상관없이, 어떻게 하면 기업 가치를 더 키울 수 있을지에 대한 이야기입니다. 이런 주제를 다룬 글은 이미 많습니다만, 모든 산업의 모든 경영자에게 통할 만병통치약은 존재하지 않습니다. 다만, 우리는 최고의 사모펀드 경영자들과 뛰어난 최고 경영자[CEO]들과 함께 일해 온 경험을 통해, 사모펀드 업계의 교훈 가운데 일부는 모든 리더가 반드시 참고할 만한 가치가 있다는 점을 확인했습니다.

우리는 수천 명의 상장, 비상장 기업 CEO들과 협력해 왔습니다. 그중에는 사모펀드 운용사의 방식을 직접 참고하지 않고도 유사한 접근법을 택해 온 리더들도 있었습니다. 어떤 이들은 이미 오래전부터 사모펀드의 교훈을 체화해 경영에 활용해 왔습니다. 따라서 이 글은 그 교훈들을 널리 알리고, 실제 적용 과정에서 어려움을 겪는 리더들에게 실질적인 실행 지침을 제공하는 데 목적이 있습니다. 또한 아직 이런 문제를 직접 마주하지 않은 리더들에게도 교훈과 적용 방안을 분명히 전달하려 합니다.

이 책에서 다루는 교훈 중 일부는 익숙하게 들리거나 당연하게 보일 수도 있습니다. 그러나 우리가 보기에, 세계의 많은 기업들이 이를 일관되게 실행하지 못하고 있습니다. 이유는 크게 두 가지입니다.

첫째, 교훈을 실제로 적용하면 기업에 변화가

일어나는데, 변화는 항상 현실적, 심리적 위험을 동반하기 때문입니다. 사람들이 변화를 꺼린다는 말에는 나름의 진실이 있습니다.

둘째, 많은 리더들이 교훈을 적용하더라도 '최선'이 아닌 그저 '괜찮은 수준'에서 멈추기 쉽습니다. 우리는 이를 '만족스러운 저성과^{satisfactory underperformance}'라 부르는데, 이는 오늘날 기업에 널리 퍼져 있는 고질적 문제입니다.

리더의 가장 중요한 임무는 회사 가치를 높이는 것입니다. 최고의 사모펀드 투자자들이 이 일을 누구보다 잘해왔다는 여러 연구가 있습니다. 이들은 대체로 3~5년간의 투자 기간에 탁월한 수익을 창출했습니다. 이 책은 그들의 성과를 더 자세히 설명할 뿐 아니라, 그들이 어떻게 이런 성과를 달성했는지, 그리고 그들의 방식이 소유 구조와 관계없이 모든 기업에 왜 중요한지를 보여줄 것입니다.

또한 리더는 회사를 성공으로 이끄는 사람들에게 기회와 보상을 제공해야 합니다. 여러 연구에 따르면 사모펀드가 활발히 활동하는 시장에서 그들이 운영하는 기업들은 다른 기업들보다 훨씬 빠른 속도로 일자리를 창출했습니다.[1]

이 점만 보더라도 우리는 최고의 사모펀드 운용사들이 어떻게 성공했는지 살펴보고, 그들이 사용한 도구와 기법 가운데 우리 기업에도 적용할 수 있는 요소가 무엇인지 고민할 필요가 있습니다. 어떻게 하면 주주들에게 더 큰 가치를 창출하고, 핵심 인재들에게 더 많은 기회와 보상을 제공하며, 나아가 모든 생산적인 직원들에게 성과 중심 문화를 만들 수 있을까요?

그 답을 보여주는 사례로 크라운 캐슬Crown Castle의 이야기를 들어보겠습니다. 이 회사는 무선통신 인프라를 공유하는 사업을 운영했는데, 버크서 파트너스Berkshire Partners의 투자를 계기로 본격적인 변화를 맞이했습니다. 그들은 이동통신사들로부터 송신탑을 인수해 사업 기반을 확장했고, 1998년 기업공개IPO에 성공했습니다. 그 결과 버크셔는 초기 투자 대비 10배에 달하는 수익을 올릴 수 있었습니다. 흥미로운 점은 상장 이후에도 크라운 캐슬이 여전히 사모펀드 방식의 교훈을 지켜왔다는 것입니다. 회사는 정기적으로 사업 잠재력을 재평가하고, 조직 전체가 소수의 핵심 과제에 집중하도록 했습니다. 그 결과 매출은 7배로 성장했고, 직원 수도 40% 늘었습니다. 이 모든 과정은 CEO 존 켈리John Kelly와 CFO 벤 모어랜드Ben Moreland의 일관된 리더십 덕분이었습니다.

월가 역시 이런 성과를 높이 평가했고, 1998년 상장 이후 2007년 10월까지 크라운 캐슬의 주가는 S&P 500 지수를 두 배 이상 웃돌았습니다. 이 사례는 사모펀드 방식의 교훈이 투자 기업 안에서만 통하는 것이 아니라, 모든 기업에 적용할 수 있는 보편적 원칙임을 보여주었습니다.

그렇다면 우리가 말하는 교훈은 무엇일까요? 다음 여섯 가지로 정리할 수 있습니다.

1. 최대 잠재력을 정의하기

2. 청사진을 수립하기

3. 성과를 가속화하기

4. 인재를 활용하기

5. 자본을 최대한 일하게 하기

6. 성과 중심 문화를 정립하기

우리가 아는 한, 모든 사모펀드 운용사가 이 원칙을 모든 투자에 일관되게 적용하는 것은 아닙니다. 단기 이익만을 추구해 장기적 운영 가치를 무시한 사례도 있었습니다. 그러나 언론에서 흔히 부각되는 자산 헐값 매각이나 과도한 부채 문제는 생각만큼 흔하지 않습니다. 오히려 이 글의 토대가 된 최고의 사모펀드 투자자들은 시간이 지남에 따라 기업 가치를 높이는 지속 가능하고 반복할 수 있는 프로세스를 구축하는 데 집중해 왔습니다.

시장의 힘, 경쟁, 부채 상황, 환율, 규제는 늘 오르내립니다. 가장 현명한 사모펀드 투자자들은 포트폴리오 기업의 가치를 안정적으로 높이는 유일한 방법이 기업의 운영 가치를 극대화하는 것임을 잘 알고 있습니다. 이런 이유로 과거 재무적 기법에 집중하던 자원의 상당 부분이 이제는 운영 가치 창출로 옮겨가고 있습니다. 그 방식은 일반 기업에서 볼 수 있는 것보다 훨씬 더 체계적이고, 집중적이며, 공격적입니다. 투자 기간이 제한되어 있고 유한책임 투자자[LP]의 높은 수익 요구가 존재하는 상황에서, 강한 집중력이 발휘될 수밖에 없는 것입니다.

여러분이 각각의 업계에서 명확한 시장 선도자가 아니라면, 최고의 사모펀드 운용사들이 어떻게 비즈니스 지형을 바꾸고 있는지 외면하면 안 됩니다. 심지어 시장의 리더라 하더라도 안심할 수는 없습니다. 우리의 연구에 따르면 선도 기업들조차 종종 잠재력에 미치지 못하는 성과를 내고 있었습니다. 이 교훈들을 온전히 검토하는 것만으로도 큰 도움을 받을 수 있습니다.

◆ 베인앤컴퍼니는 1973년 미국에서 설립된 글로벌 전략 컨설팅사로, 맥킨지(McKinsey & Company), 보스턴컨설팅그룹(BCG)과 함께 세계 3대 컨설팅 기업으로 꼽힙니다. 1984년 분사된 사모펀드 운용사 베인캐피털(Bain Capital)은 2024년 기준 약 1,800억 달러의 자산을 운용하고 있습니다.

◆◆ 실사(Due Diligence)는 어떤 결정을 내리기 전에 사전 조사나 분석을 철저히 수행하는 과정으로 전략, 회계, 법률, 환경 등을 목적으로 수행됩니다. 전략적 실사(Strategic Due Diligence)는 단순히 재무제표나 법적 리스크를 검토하는 재무, 법무 실사와 달리 기업의 장기 성장 가능성과 전략적 가치를 분석하는 과정입니다.

사모펀드 업계에 무슨 일이 일어나고 있을까?

사모펀드의 적극적인 투자 방식은 새로운 기준을 세우고 있습니다. 이는 고위 경영진이 반드시 참고하고 본받아야 할 모델이 되었습니다. 오늘날 사모펀드는 단순한 투자자를 넘어, 기업 경영의 규칙 자체를 바꾸는 존재입니다. 그렇다면 왜 사모펀드가 더 넓은 기업 세계에서도 중요한 의미를 가질까요? 그 이유는 여러 가지가 있습니다.

무엇보다 지금 시장에는 투자처를 찾는 자금이 넘쳐나고 있습니다. 전 세계 연금, 기금, 보험 자산, 다양한 유한책임 투자자의 자본이 사상 최고 수준으로 불어났기 때문입니다. 불과 지난 3년 동안 전 세계 사모펀드 운용사들이 새로 조성한 자금만 1조 달러를 넘어섰습니다. 이는 업계 역사에서 누적된 총액보다도 더 큰 규모입니다. 여기에 대출기관들이 제공하는 차입까지 더하면, 사모펀드의 구매력은 수조 달러에 이릅니다.

그렇다면 왜 그렇게 많은 사모펀드 운용사들이 자본을 성공적으로 끌어모을 수 있었을까요? 답은 간단합니다. 최고의 사모펀드 운용사들은 시장이 좋을 때나 나쁠 때나 관계없이, 투자자들에게 꾸준히 시장 평균을 웃도는 수익을 안겨주었기 때문입니다. 여기서 중요한 점은 우리가 '최고의'라는 표현을 신중하게 사용한다는 것입니다. 연구 결과를 보면, 장기적으로 '평균적인' 사모펀드의 수수료 차감 후 수익률은 공모 시장의 수익률과 크게 다르지 않을 수 있다는 분석도 있습니다. 일부 학자들은 오히려 S&P 500이 일관되게 평균적인 사모펀드보다 더 나은 성과를 냈다고 주장합니다. 또 다른 연구자들은 최근 평균적인 사모펀드가 기업 가치 제고에서 얻는 성과보다 운용 수수료에서 더 많은 수익을 내고 있다고 지적하기도 합니다. 따라서 '평균적인 펀드'와 '최고의 펀드'를 구분하는 일은 매우 중요하며, 충분히 분석할 가치가 있습니다.

1969년부터 2006년 사이 조성된 미국의 경영권 인수buyout 펀드를 살펴보면, 하위 25% 펀드의 수익률은 모두 마이너스를 기록했습니다. 이 부분이 우리가 '경고 신호'를 읽어야 할 지점입니다. 하지만 상위 25% 펀드는 달랐습니다. 평균 36%의 내부수익률IRR을 기록했고, 일부 펀드는 세 자릿수 수익률을 달성했습니다. 더 중요한 사실은, 이 성과가 일회성에 그치지 않고 매년 꾸준히 반복되었다는 점입니다. 비교하자면, 2006년 말 기준 S&P 500 기업 중 상위 25%는 IPO 이후 연평균 28%의 주주 수익률을 기록했습니다. 시기에 따라 성과가 크게 달라지는 뮤추얼 펀드와 달리, 최고의 사모펀드 운용사들은 펀드 전체를 놓고 보더라도 안정적이고 지속적인 성과를 냈습니다. 달리 말해, 한 번 최고 성과를 낸 사모펀드는 그다음 펀드에서도 상위권에 들 확률이 훨씬 높다는 뜻입니다.

그 결과, 최고의 사모펀드 운용사들은 점점 더 거대해지고 있습니다. 오늘날 신규 자금의 대부분은 평범한 운용사가 아닌, 수십억 달러 규모의 메가펀드로 흘러가고 있습니다. 이들은 투자자들에게 꾸준히 강력한 수익을 안겨 온 기록을 갖고 있기 때문입니다. 하지만 동시에 새로운 과제도 안고 있습니다. 펀드 규모가 커지면 거래 규모와 매입가도 커지고, 이는 곧 더 치열한 경쟁을 의미하기 때문입니다.

글로벌 유동성 확대와 매력적인 수익률이 사모펀드의 '공급 측면'을 설명해 준다면, '수요 측면'에서도 기업 경영자들이 사모펀드 소유를 매력적으로 느끼는 이유가 있습니다. 의외로 중요한 요인은, 기업의 운명을 더 많이 통제할 수 있다는 점입니다. 사모펀드 체제는 기업에게 기업가 정신과 재무적

규율 사이에서 균형을 잡을 수 있는 자유를 제공합니다. 그 균형점은 산업과 국가에 따라 다를 수 있지만, 대부분의 관찰자들은 상장 기업들이 오히려 근시안적인 성향을 보인다고 지적합니다. 이들 기업은 장기보다 단기 성과를 중시하고, 대담한 도전보다는 보수적인 전략을 택하는 경우가 많습니다.

사모펀드는 또 상장기업이 되면서 필연적으로 안게 되는 비용과 구조적 제약을 피해, 차별화된 지배구조 모델을 제시합니다. 상장기업 경영진들은 미국의 사베인스-옥슬리법Sarbanes-Oxley Act◆, 영국의 힉스 보고서Higgs Report, 그리고 다른 국가들의 유사한 규제들이 만들어내는 막대한 비용을 누구보다 잘 압니다. 오늘날 규제 환경에서 경영진의 개인적 책임이 커진 것도 잘 알고 있습니다. 거기에 더해 잘 알려지지 않은 사실은, 사모펀드 지배구조가 만들어낸 성과 연계 보상제pay for performance와 효율적인 이사회 구조가, 기업 가치 제고에 실질적인 도움을 준다는 점입니다. 이런 구조 덕분에 경영진은 더 빠르게 의사결정을 내리고, 실제로 더 큰 가치를 만들어낼 수 있습니다. 이런 도구와 구조는 전통적인 상장기업에도 이식할 수 있으며, CEO들은 그 결과 훨씬 더 넓은 자율성을 확보할 수 있습니다.

또 하나 주목할 점은, 사모펀드가 선진국 시장에서 경쟁력이 떨어지는 산업이나 사회 구조를 개혁하는 수단으로 활용되고 있다는 사실입니다. 2006년 블랙스톤Blackstone이 도이체 텔레콤Deutsche Telekom, DT에 투자한 사례가 대표적입니다. 이 투자를 통해 블랙스톤은 구조조정과 비용 절감을 추진했고, 독일 정부는 이를 사실상 묵인했습니다.

개발도상국에서도 사모펀드는 중요한 역할을 하고 있습니다. 인도의 모바일 통신 산업은 사모펀드 덕분에 세계에서 가장 빠르게 성장하는 시장이 되었고, 2004년 중국이 선전개발은행 Shenzen Development Bank 지분 18%를 뉴브리지 캐피털 Newbridge Capital에 매각한 사례 역시 같은 맥락에서 이해할 수 있습니다.[2] 이들 국가에서 사모펀드는 단지 민간기업을 위한 도구를 넘어, 정부가 경제 문제 해결에 참고하는 수단으로까지 활용되고 있습니다.

이러한 흐름을 고려할 때, 사모펀드의 접근 방식은 가까운 미래에도 여전히 힘을 발휘할 것입니다. 물론 산업 특성상 경기 사이클에 따라 오르내림은 있을 것입니다. 금융 뉴스를 꾸준히 지켜본 독자라면, 개별 거래의 실패나 특정 시장의 난관이 늘 존재한다는 것을 잘 아실 겁니다. 그러나 세 가지 사실만큼은 변하지 않습니다.

첫째, 사모펀드는 이미 글로벌 금융시장의 주요 세력으로 자리 잡았습니다. 수조 달러에 달하는 자본이 움직이는 상황에서, 조세 정책이나 여론의 비판만으로는 사모펀드의 성장을 막을 수 없습니다.

둘째, 최고의 사모펀드 운용사들은 전 세계 비즈니스 성과의 새로운 기준을 세우고 있습니다. 사모펀드의 방식 안에는 분명히 효과적인 무언가가 존재합니다. 불과 여섯 가지의 단순해 보이는 원칙을 실행했을 뿐인데, 많은 전통적인 기업들이 지금까지 달성하지 못한 가치를 창출하고 있습니다.

셋째, 신용시장의 단기 변동이나 경기 사이클과 무관하게, 사실상 어떤 기업도 사모펀드의 인수 대상에서 벗어나기 어렵습니다. 캐나다의 통신사 BCE는 온타리오 연금 펀드와 두 곳의 미국 사모펀드 컨소시엄에 의해 485억 달러에 인수됐습니다. 아무리 상징적인 브랜드라 해도 사모펀드의 손이 닿지 않은 곳은 없습니다. 크라이슬러(Cerberus에 피인수), 두카티 모터사이클(TPG), 티파니(Investcorp), 구찌(Investcorp), 니만 마커스(TPG와 Warburg Pincus) 등이 대표적 사례입니다. 그 외에도 허츠, 힐튼 호텔, MGM, EMI 그룹 등 수많은 기업들이 뒤를 이었습니다. 이처럼 사모펀드들은 점점 더 커지는 규모와 범위, 그리고 속도를 바탕으로 포트폴리오를 구축하면서 세계 최대의 복합기업들로 자리매김해 가고 있습니다.

과거에는 노사 문제나 부실자산 같은 위험 요인이 인수를 가로막곤 했습니다. 그러나 이제 그런 장벽도 약해지고 있습니다. 크라이슬러 매각 건은 심지어 전미자동차노동조합UAW의 지지까지 얻었습니다. UAW 노조위원장은 디트로이트 프리 프레스Detroit Free Press와의 인터뷰에서 이렇게 말했습니다. "서베러스Cerberus PE와의 이번 거래는 UAW 조합원들과 크라이슬러 그룹, 그리고 다임러Daimler 모두에게 최선의 이익을 실현시켰습니다."[3] 실제로 2007년 가을 크라이슬러의 임금 분쟁은 단 하루 만에 타결되었습니다.

이제는 사모펀드뿐 아니라 헤지펀드까지 인수 경쟁에 뛰어들고 있습니다. 이들은 기업 전체를 사들이지 않고도 사실상 경영권을 확보하거나, 때로는 적대적인 방식으로 접근하기도 합니다. 새로운 경쟁 구도가 펼쳐진 것입니다.

◆　사베인스 옥슬리법(Sarbanes-Oxley)은 2002년에 제정된 미국의 연방법으로 엔론 등 대기업의 회계부정 사건에 대응하여 만들어졌으며, 주요 목적은 투자자 보호, 회계 및 내부통제 강화 등입니다. 이 법안에 의해 회계법인은 한 기업에 대해 감사와 비감사(컨설팅) 업무를 동시 제공하는 것에 제한이 생겼으며, 회계 감시를 강화하고 있습니다.

많은 현명한 기업들과 그들의 최고경영진, 그리고 이사회는 PE 사례를 검토하며 한 가지 핵심 질문을 던지고 있습니다. "만약 우리가 사모펀드의 사고방식을 가진다면, 무엇을 다르게 할 수 있을까?"

네슬레Nestlé의 CEO 피터 브라베크-레트마테 Peter Brabeck-Letmathe는 1997년 회사를 이끌기 시작하면서 바로 이 질문을 던졌습니다. 그는 네슬레가 수십 년에 걸쳐 제품을 육성하고 성장시키며 혁신을 이어가는 목표를 지닌 반면, 사모펀드 운용사는 성숙한 기업을 인수해 운영 가치를 끌어올린 뒤 매각하는 것을 목표로 한다는 점에서 분명한 차이를 보았습니다. 그럼에도 불구하고 그는 사모펀드의 여러 원칙을 자사에 적용할 수 있다는 사실을 발견했고, 이를 활용해 업계에서 가장 안정적이고 일관된 장기 성과를 기록했습니다.

동종 업계의 다른 대형 다각화 식품 기업들과 비교했을 때, 네슬레는 경쟁사들을 앞질렀습니다. 브라베크 회장의 지난 10여 년 재임 동안, 네슬레는 시가총액을 3.5배 늘려 2,000억 스위스프랑을 넘어섰고, 연평균 15% 이상의 총주주수익률을 달성했습니다.

다음 페이지들에서는 사모펀드의 6가지 핵심 교훈을 적용하고 있는 상장 회사의 사례로 네슬레를 자주 언급할 것입니다. 또한 사모펀드 경영 체제로 탈바꿈한 다양한 기업들의 사례도 함께 소개할 것입니다. 우리는 사모펀드 매수자가 없더라도, 모든 회사가 거의 같은 방식으로 기업 가치를 높일 수 있다는 근거를 제시할 것입니다. 사모펀드의 관점과 제한된 투자 기간은 단지 이러한 교훈들이 어떻게 작동하는지를 선명하게 보여줄 뿐입니다.

그러나 실제로 여러분의 기업에서 변화를 끌어내려면, 조직 구성원들, 나아가 이사회와도 치열하게 질문하고 도전해야 합니다. 동시에 그들로부터 도전을 받을 준비가 되어 있어야 하며, 조직 전체를 성과에 몰입시키고, 흔들림 없이 열정을 유지하게 만드는 것이 무엇보다 중요합니다. 이 목표는 여섯 가지 주요 교훈을 철저히 실행함으로써 달성할 수 있습니다.

1. 최대 잠재력을 정의하기

수익과 주가를 끌어올리려면 반드시 회사의 최대 잠재력에 대한 명확한 비전을 세우고 전략적 의사결정을 내려야 합니다. 최대 잠재력은 단순히 내년도 예산안 수준의 계획이 아니며, 현재 추세에 '포부'를 덧씌운 전략적 계획도 아닙니다. 이런 방식은 오히려 기업의 진정한 잠재 가치를 왜곡할 위험이 큽니다.

회사의 최대 잠재력을 정의한다는 것은 "얼마나 더 성장할 수 있는가?"라는 질문을 냉정하게 던지고, 이에 대해 사실에 근거해 답하는 것을 의미합니다. 목표는 주주가치의 제고입니다. 오늘의 1달러 가치를 내일 3달러, 4달러, 혹은 5달러로 키우려면 어떻게 해야 하는가를 묻는 것입니다.

그 목표치를 설정하는 방법은 바로 '전략적 실사'이며, 이를 통해 도출된 몇 가지 핵심 과제에 집중해 현금흐름을 성장시켜야 합니다. 핵심은 분명합니다. 자원을 너무 많은 과제에 분산하면 성공할 수 없습니다. 대부분의 경우 세 가지에서 다섯 가지를 넘지 않는 핵심 이슈에 집중하는 것이 성과 달성에 결정적으로 중요합니다.[4]

네슬레의 경우 브라베크 회장은 유기적 성장률을 5~6%로 끌어올리고, 이익률을 지속적으로 개선하며, 업계를 능가하는 총주주수익률 300% 달성을 목표로 삼았습니다. 그는 회사를 농업 기반 사업 중심에서 연구개발 주도형 영양사업 중심으로 전환하기 위해 네 가지 가치 창출의 '기둥pillars'을 설정했습니다.

1. 운영 성과의 개선
2. 제품 포트폴리오의 혁신과 개선
3. 고객에게 '언제, 어디서, 어떤 방식으로든'
   도달할 수 있도록 유통망 확대
4. 소비자 커뮤니케이션의 강화

이 네 가지 기둥이 변화의 토대를 마련했습니다.

이러한 관점을 채택하는 것은 필연적으로 중기적 전망을 지향하게 됩니다. 의도했든 아니든 모든 기업은 단기적인 성과 개선(분기별)에서 무기한(무한)에 이르는 스펙트럼 어딘가에 위치합니다. 현실

　　　　　　　　　　　좋은 회사 만들기

적으로 기업이 최대 잠재력에 도달하기 위해 실행 가능한 기간은 3~5년이며, 이는 사모펀드 투자자가 일반적으로 설정하는 투자 기간과도 유사합니다.

2. 청사진을 수립하기

청사진은 최대 잠재력이라는 목적지에 도달하기 위한 로드맵으로, '누가, 무엇을, 언제, 어디서, 어떻게'의 질문에 답하는 것입니다. 대부분의 경우 청사진은 최대 잠재력 가정full-potential thesis에서 도출된 핵심 소수 과제에 집중합니다. 즉, 중기적 관점에서 회사에 가장 큰 가치를 창출할 수 있는 과제에 초점을 맞추는 것입니다.

그렇다면 청사진이란 무엇일까요? 청사진은 핵심 과제를 실행으로 옮겨 결과를 만들어내는 전략적 운영 계획 그 자체입니다. 청사진은 반드시 측정 가능한 언어로 작성되어야 하며, 세부적인 운영 수준까지 구체화되어야 합니다. 핵심은 '측정 가능한 행동'입니다. 고차원적인 전략에서 출발하더라도 결국은 '월요일 아침 9시'에 실제로 달라진 실행으로 이어져야 합니다. 다시 말해, 출발선에서부터 결승선에 이르기까지 세부 운영 수준까지 내려가며 과정을 치밀하게 설계하는 것입니다. 이렇게 해야 실행력이 생기고, 조직 내 일관성이 구축됩니다.

네슬레의 핵심 과제 중 하나였던 운영 성과 개선을 예로 들어보겠습니다. 청사진은 먼저 현재 운영에서 불필요한 비용을 제거하는 것을 목표로 했고, 그 결과 3년 동안 30억 달러를 절감했습니다. 그다음 단계는 사업 플랫폼 재정비였습니다. 여러 부문에서 각각 운영되던 수십 개의 전사적 자원관리ERP 시스템을 하나로 통합하고, 전 세계 사업에 적용할 수 있는 공통 시스템 설계와 템플릿을 마련하되, 각 지역 시장의 차이는 반영할 수 있도록 한 것입니다.

이 노력은 '글로벌 비즈니스 우수화Global Business Excellence, GLOBE' 프로젝트로 추진되었습니다. 브라베크 회장의 표현에 따르면, 네슬레는 과거 '초대형 유조선super-tanker처럼 움직이는 기업'에서 '민첩한 함대agile fleet'로 변신했습니다. 즉, 서로 다른 사업 부문이 신속하게 투입되어 다양한 제품군, 고객군, 지역 시장을 공략할 수 있었고, 캠페인 전반에서 최적의 사례를 공유할 수 있게 되었습니다.[5] 그 결과 네슬레는 성장을 가능하게 했을 뿐 아니라 운영 생산성도 한층 개선할 수 있었습니다.

3. 성과를 가속화하기

청사진을 통해 우선순위를 확인하고 구체화하면, 그다음 최우선 과제는 회사의 성과를 가속화하는 것입니다. 많은 기업이 멀리 내다본 목표를 세우고 거대한 계획을 내놓지만, 핵심 과제를 중심으로 조직 변화를 추진하지 못해 목표에 도달하지 못하고 좌절하는 경우가 많습니다.

성과를 가속화한다는 것은 조직을 청사진에 맞게 조율하고, 핵심 과제에 적합한 인재를 배치하는 것을 의미합니다. 또한 사람들이 핵심 과제를 자신의 과제로 받아들이게 하고, 그 과제를 책임질 '오너owner'를 지원할 수 있는 적절한 프로그램 관리 도구를 마련하는 것을 뜻합니다.

네슬레의 브라베크 회장은 IT 임원이 아니라 빠르게 성장하던 사업부 임원 크리스 존슨Chris Johnson에게 GLOBE 프로젝트의 성과 책임을 맡겼습니다. 이는 핵심 과제의 실행을 실제 사업 경험이 풍부한 인물에게 맡겨 성과 달성 속도를 높이려는 결정이었습니다.

성과를 가속화한다는 것은 또 소수의 핵심 지표를 지속적으로 모니터링하는 것을 뜻합니다. 이 지표들은 일반적인 관리회계가 제공하는 방대한 표준 데이터와 달리, 단순히 과거를 보여주는 후행

좋은 회사 만들기

지표가 아니라 실행력을 높일 수 있는 미래 지향적 데이터여야 합니다. 특히 시장 데이터와 운영 데이터를 활용해 미래를 내다보는 것이 중요합니다.

회사가 가장 중요한 데이터를 추적할 때, 비로소 비즈니스가 올바른 방향으로 나아가고 있는지 판단할 수 있습니다. 청사진은 선택된 핵심 과제의 성과를 추적하는 데 필요한 핵심 지표들을 규정합니다. 이후 회사는 이 지표들을 중심으로 조직 전체가 공유하는 공통 언어와 보상 체계를 구축하고 운영해야 합니다.

4. 인재를 활용하기

아무리 잘 짜인 계획도 이를 실행할 적임자가 없으면 무용지물입니다. 모든 기업은 경영 구조 전반에 걸쳐 우수한 인재가 필요하며, 이들이 오너처럼 사고할 수 있도록 만들어야 합니다. 이를 위해 기업은 인재를 채용하고, 유지하고, 동기를 부여하기 위한 적절한 인센티브 체계를 갖춰야 합니다.

모든 기업의 소유주들은 동일한 유형의 인재를 확보하기 위해 경쟁합니다. 금전적 보상만으로는 충분하지 않으며, 조직문화 역시 핵심 요소입니다. 다만 많은 경우 금전적 보상이 첫 관문이 됩니다. 그렇다면 왜 IBM의 루 거스너Lou Gerstner, GE의 잭 웰치Jack Welch와 같은 스타 경영자들이 사모펀드 업계에서 제2의 경력을 이어가게 되었을까요? 왜 GE의 슈퍼스타였던 데이비드 캘훈David Calhoun이 2006년 여름 GE를 떠나, PE 컨소시엄에 인수된 네덜란드 기업 VNU 그룹(현 닐슨 컴퍼니)의 CEO가 되었을까요? 오늘날 많은 기업 임원들이 왜 인맥을 활용해 딜메이커(deal maker, M&A 거래 추진자)를 소개받으려 할까요?

그 이유는 일반적으로 사모펀드가 보상이 더 크고, 관료주의적 장벽은 덜 까다롭기 때문입니다. 많은 유능한 경영자들은 주주들에게 올바른 일을 하면서 동시에 정당한 보상을 얻고자 합니다.

물론 상장 기업도 최고의 인재를 확보하기 위해 충분히 경쟁할 수 있습니다. 네슬레의 경우를 보면, 회사는 명확히 설정된 목표 달성 여부에 따라 단기 보너스를 지급하고, 보상에서 변동급 비중을 높였으며, 1,400명의 핵심 관리자를 장기 인센티브 플랜에 포함시켜 주주가 되도록 만들었습니다.

많은 기업은 이사회가 가진 역량을 충분히 활용하지 못해, CEO가 성과 개선을 이끌도록 더 신속하고 효율적으로 지원하지 못하고 있습니다. 가치를 창출하는 이사회는 CEO를 코치하고, 실제적인 비즈니스 통찰을 제공하며, 회사의 요청에 대해 신속히 의사결정을 내립니다. 이를 위해서는 무엇보다 올바른 이사회 구성원이 필요합니다. 즉, 산업과 회사를 깊이 이해하고, 경영진의 강점과 약점을 잘 파악하는 인물들이 이사회에 참여해야 합니다.

물론 이사회 구성원들은 핵심 과제와 청사진에 충분히 정통해야 하며, 그 언어를 경영진과 공유해야 합니다. 실제로 브라베크 회장은 GLOBE 프로젝트 책임자인 존슨을 이사회에 중용해, 이 프로젝트가 최고경영진 사이에서 높은 가시성을 확보하도록 했습니다. 사외이사들 역시 존슨으로부터 정기적으로 프로젝트 진행 상황을 보고받았습니다.

최고의 사모펀드 투자자들은 네슬레의 사례처럼 자신들이 소유한 회사를 직접 경영하기 위해 이사회를 활용하지는 않습니다. 대신, 이사회는 이미 수립된 계획을 강화하고, 고위 경영진이 성공을 촉진하는 신속하고 단호한 결정을 내릴 수 있도록 지원하는 역할을 합니다.

5. 자본을 최대한 일하게 하기

경영자는 LBO(Leveraged Buy-Out, 차입 매수)의 경제 논리를 이해하고 받아들여야 합니다. 사모펀드의 인수 방식을 말하는 게 아닙니다. 이는 레버리

 좋은 회사 만들기

지(차입)를 자연스럽게 활용할 수 있어야 한다는 뜻입니다.

CEO라면 인수합병과 같은 다양한 사업 수요를 위해 얼마만큼의 현금을 보유해야 하는지 명확히 알고 있어야 합니다. 이 점은 중요한 차별점입니다. 일반 기업과 달리, 사모펀드 운용사가 보유한 기업은 필요할 경우 모기업인 사모펀드에 투자를 요청할 수 있습니다. 그러나 여기서 강조하는 핵심은 레버리지를 현금 창출과 재무 건전성 관리의 도구로 활용하라는 것입니다.

높은 부채비율은 경영진이 현금을 희소한 자원으로 인식하게 만들어, 자원을 더욱 집중적으로 관리하게 합니다. 영국의 수필가 사무엘 존슨^{Samuel Johnson}은 "교수형이 예정된 사람은 놀랍도록 차분하고 집중력이 강하다"라는 말을 했습니다. 현금이 부족하면 경영진은 운전자본을 철저히 관리하게 되고, 자본적 지출^{Capital Expenditure, CAPEX}을 매우 엄격하게 배분하게 됩니다.

대표적인 사례로 2007년 8월, 네슬레는 뛰어난 실적을 발표한 직후 250억 스위스프랑(한화 약 20조 원) 규모의 자사주 매입을 선언해 시장을 놀라게 했습니다. 보유하고 있던 현금을 과감하게 줄인 것입니다. 제한된 현금은 또한 경영진으로 하여금 재무제표의 다른 부분들까지 더 적극적으로 활용하게 만듭니다. 단순히 성과를 보여주는 정적인 지표로서가 아니라, 성장을 위한 동적인 도구로 재무를 다루게 되는 것입니다.

이는 곧 생산성이 없거나 성과가 부진한 자본을 제거하는 것으로 이어지며, 때로는 사업 일부를 과감히 정리하는 방식으로 나타나기도 합니다. 또한 기존에는 고정자산으로만 여겨지던 자산을 새로운 금융 조달 수단으로 전환하는 방법을 모색하는 것도 포함됩니다.

6. 성과 중심의 문화를 정립하기

최고의 사모펀드들은 포트폴리오 기업이 성과 중심의 문화를 정립하도록 지원하면서 그들의 강점을 발휘합니다. 이러한 성과 중심 문화는 앞서 살펴본 다섯 가지 원칙에 의해 추진되며, 수익과 현금 흐름에 대한 강력한 집중력을 보여줍니다. 그러나 그 영향력은 이보다 훨씬 넓습니다.

성과 중심 문화는 반복 가능한 공식을 개발하는 데 기반을 둡니다. 이는 단일 활동 내에서만이 아니라 여러 활동 전반에도 적용할 수 있습니다. 이러한 반복 가능성 덕분에 현명한 사모펀드 투자자들은 여러 기업에서 꾸준히 성과를 창출할 수 있었습니다.

이는 사건에 수동적으로 반응하기보다 적극적으로 해결책을 찾는 태도를 의미합니다. 우리가 말하는 '능동적 태도'의 사고방식입니다. "우리에게 이런 일이 벌어졌다"라는 식의 책임 전가와 수동적 문화와는 정반대의 모습입니다. 이러한 문화를 정립하려면 올바른 관리자와 적절한 경영 프로세스가 함께 필요합니다.

시대와 시장은 변하고 있으며, 통용되는 지혜의 유효기간은 과거보다 훨씬 짧아지고 있습니다. 성과 중심의 사고방식은 목표를 재설정하며 집중력을 유지하려는 강한 의지를 낳습니다.

예를 들어 네슬레는 공장 현장에서 감독자를 없앴습니다. 브라베크 회장은 이렇게 설명했습니다.

"근로자들은 교대가 끝난 뒤 모입니다. 그들은 전용 회의실을 가지고 있는데, 그곳 벽에는 자신들의 모든 성과 데이터가 게시되어 있습니다. 이들은 15~20분 동안 스스로의 성과를 검토하고, 어떻게 개선할지를 직접 결정합니다. 중요한 것은 그 결정이 근로자 스스로에 의해 내려진다는 점입니다."[6]

결과적으로 모든 구성원이 성과 창출이라는 도전을 자기 일처럼 받아들일 때, 놓치는 부분은 거의 사라지고 조직의 모든 단계에서 새로운 가치가 창출됩니다.

우리는 최고의 사모펀드 관행을 기준점으로 삼았지만, 사실 이러한 교훈들은 오래전부터 존재해왔습니다. 다만 대부분의 기업에서 이를 공식적으로 체계화하지 않았을 뿐입니다.

따라서 소유 구조가 무엇이든, 우리의 조언은 동일합니다. 최고의 사모펀드 전문가들이 어떻게 회사를 운영하는지를 살펴보고, 그들이 사용하는 기법을 활용해 그들과, 그리고 다른 모든 경쟁자들과 맞서 경쟁하라는 것입니다. 이 메모가 바로 그 실행을 돕는 도구가 될 것입니다.

1. 최대 잠재력을 정의하기

사모펀드의 게임 방식이 달라졌습니다. 그 변화는 이렇습니다.

1980년대와 1990년대에 사모펀드가 돈을 버는 방식은 비교적 단순했습니다. 인맥 네트워크로 독점적 거래를 찾아내고, 인수 대상에 많은 부채를 얹었습니다. 때로는 자본 구조의 90%가 부채일 정도였습니다. 이렇게 하면 인수에 필요한 자기자본을 최소화할 수 있었습니다. 시간이 지나 자산이 현금을 만들면 부채를 갚고, 결국 매각합니다. 이때는 흔히 EBITDA* 배수가 더 높게 적용되었습니다.

상승장 덕도 봤습니다. 낮은 인수 가격, 높은 레버리지, 더 높은 매각 배수라는 세 가지가 겹치며 '완벽한 폭풍perfect storm'이 만들어졌고, 높은 내부수익률IRR과 현금수익률CoC이 뒤따랐습니다. 요컨대 빚을 내, 싸게 사서, 비싸게 팔아 수익을 냈다는 뜻입니다.

이 모델은 한동안 돈을 찍어내는 기계처럼 보였지만, 지금은 다릅니다. 오늘날 뛰어난 사모펀드 운용사들은 자산을 수동적으로 보유하고 관리하는 방식을 벗어나, 포트폴리오 기업의 가치를 적극적으로 키우는 쪽으로 전환했습니다. 왜일까요?

예전의 고수익 엔진이 이미 힘이 빠졌기 때문입니다. 1980년대의 높은 수익률은 새 자금과 경쟁자를 대거 끌어들였습니다. 총 기업가치가 1억 달러를 넘는 자산은 이제 공격적인 투자은행이 경매 방식으로 판매합니다. 그래서 이제는 잠재가치보다 싸게 사기가 거의 불가능해졌습니다. 2003~2007년에는 레버리지 허용 폭이 과거 최고 수준까지 올라가면서 수익률이 다시 높아졌지만, 앞으로의 부채 사이클은 그때만큼 우호적일 가능성이 낮습니다.

오늘날의 환경에서 경쟁과 경기 변동을 뚫는 실전 해법은 '운영 가치operating value'를 키우는 일입니다. 인수한 기업의 현금흐름, 즉 기업가치를 실제로 늘려야 합니다. 최고의 사모펀드는 거래가 완료되는 즉시 기어를 바꿔, 경영진과 함께 전략, 운영 개선 과제를 발굴하고, 우선순위를 정해 단계적으로 추진하며, 그 효과를 측정합니다.

이 체계적 접근은 큰 보상으로 이어집니다. 우리의 경험으로는, 인수 첫해에 신뢰할 수 있는 반복 프로세스로 계획을 세우고 핵심 과제를 실행한 딜 메이커들은 업계 평균 대비 2.5배 이상 높은 현금 수익률을 내곤 합니다.

핵심은 여기서 시작됩니다. 이런 성과의 출발점은 해당 기업의 '최대 잠재력'을 먼저 정의하는 것입니다. 사모펀드는 어떻게 이걸 만들까요? 또 이러한 방식은 일반 회사 환경에서는 어떻게 적용될 수 있을까요?

최대 잠재력을 정의하는
사모펀드의 접근 방식

최고의 사모펀드는 첫 단추부터 다릅니다. 그 기업이 어디에서, 어떻게 돈을 벌고 있는지, 그리고 왜 우리가 그 회사를 소유해야 하는지를 분명히 합니다. 이를 위해 철저하고 냉정한 실사를 진행해 사실 기반을 쌓습니다. 이 과정을 '전략적 실사'라 부르며, 보통 다섯 영역을 깊이 봅니다.[7]

- 파생 수요 분석: 핵심 동인(underlying drivers)은 무엇이고, 어떻게 변하며, 수요에 어떤 영향을 줄까?
- 고객 분석: 우리 고객은 앞으로 어떻게 행

동할까?

- 경쟁 분석: 경쟁자는 무엇을 하고, 우리와의 상대 경쟁력은 어떠한가?
- 환경 분석: 기술, 규제, 기타 트렌드가 성과에 어떤 긍정, 부정 영향을 줄 수 있는가?
- 미시경제 분석: 실제로 어디에서, 어떻게 돈을 벌고 있는가?

사모펀드 운용사는 이렇게 수집한 실사 결과, 해당 기업의 최대 잠재력 평가, 그리고 계획한 재무 구조를 묶어 보통 3~5년 뒤의 목표 지분가치를 설정합니다. 전제는 명확합니다. 회사에 새 사고방식을 심고, 경영진과 협력해 필요한 변화를 받아들이게 만들 수 있다는 가정입니다.

치열한 경쟁 속에서 사모펀드는 전략적 투자자나 다른 재무적 투자자보다 더 높은 가격을 제시할 근거가 필요합니다. 그 유일하게 설득력 있는 이유는, 그 기업의 미시적 사업 구조가 통념보다 훨씬 좋다는 사실을 데이터로 발견했을 때뿐입니다.

반대로, 철수 신호에도 예민합니다. 가능성이 낮은 딜에 시간을 낭비하지 않습니다. 그리고 누군가는 과한 값을 지불한다는 사실도 잘 압니다. 충분한 전략적 실사를 하지 않는 투자자가 있기 때문입니다. 태도는 단호합니다. "누가 비싸게 산다? 좋다. 하지만 그건 우리가 아니다."

또한 이들은 자신이 모든 것을 안다고 가정하지 않습니다. 기업과 산업은 늘 변한다는 것을 알고 있기 때문입니다. 특정 기업이나 산업에 대해 어느 정도 지식이 있더라도, 좋은 투자자는 끊임없이 질문을 던집니다. 사전 지식이 초기에는 더 날카로운 질문을 할 수 있게 해주지만, 수행해야 할 과제는 여전히 많다는 것을 알기 때문입니다. 그들은 "우리는 신을 믿습니다. 하지만 나머지는 반드시 데이터를 제시해야 합니다. In God we trust. All others bring data"라는 좌우명으로 살아갑니다.

이들은 매각 대상 기업을 위해 작성된 투자설명서도 곧이곧대로 믿지 않습니다. 그 문서는 주로 시장 조사 보고서와 애널리스트 보고서를 바탕으로 작성되며, 결국은 시중에서 쉽게 구할 수 있는 데이터에 크게 의존하고 있습니다. 예를 들어, 이 투자 설명서들은 향후 산업 성장에 중요한 영향을 미칠 수요 요인을 깊이 분석하는 경우가 거의 없습니다. 작성자들은 보통 과거 성장률을 그대로 가져와 약간 수정하고, 경영진이 추정한 미래 성장치와 손쉽게 구할 수 있는 시장 조사 보고서를 덧붙이는 정도에 그칩니다. 게다가 시장조사 보고서는 적잖이 틀리기도 합니다. 애초에 그 투자 설명서를 작성한 투자은행 직원들이 활용한 것과 동일한 자료를 바탕으로 해당 투자 설명서를 다시 검증한다는 것은 논리적으로도 타당하지 않습니다.

그래서 최고의 PE 인수자들은 직접 파고듭니다. 수요의 핵심 동인을 깊게 파고, 앞으로 어떻게 작동할지 분석합니다. 매출의 대부분을 차지하는 고객 의사결정권자를 인터뷰하고, 공급업체로부터 비용 구조도 확인합니다. 경쟁사 전략과 운영, 비용, 기술, 재무까지 가능하면 인터뷰로 실제를 파악합니다.

이 현명한 투자자들은 무엇을 찾고 있을까요? 그들은 사업의 최대 잠재력이 무엇인지, 3~5년 후 그 가치가 얼마나 될 수 있는지를 파악하려고 합니다. 이것이 그들의 목표 지분가치가 됩니다. 동시에, 그들은 그 최대 잠재력에 도달하기 위해 반드시 해야 할 몇 가지 핵심 과제를 찾습니다. 한꺼번에 열 가지가 넘는 일을 추진하려는 계획은 대개 실망으로 끝나기 마련입니다. 사모펀드의 인수자들은 세 가지에서 다섯 가지의 핵심 과제에 집중하고, 회사가 하지 말아야 할 일도 분명히 합니다. 이러한 과정은 기업이 잘못된 사안에 시간, 돈, 그리고 경영 역량을 낭비하지 않도록 도와줍니다. 하지 말아야 할 일을 지키는 절제의 원칙은 엄청난 가치를 지켜 줍니다. 그래서 최대 잠재력으로 가는 경로를 조기에 파악하는 것이 매우 중요합니다.

대부분의 사모펀드가 특히 신경 쓰는 건 목표한 최대 잠재력을 달성하는 데 필요한 기간입니다. 그들이 만든 핵심 과제는 즉각적인 효과를 가져오는 것부터, 장기에 걸쳐 실행되는 것까지 다양하겠지만, 그렇다고 해도 최대 잠재력 실현까지 3~5년을 봅니다. 이는 평균적으로 해당 기업에 대한 전체 투자 기간과도 일치합니다.

물론 이보다 더 길게 투자하는 사모펀드도 있고, 장기 과제에 투자하기도 합니다. 브라베크 회장과 같은 CEO들이 생생히 지적하듯, 젖소를 키우며 목장을 유지하는 식의 장기적인 사업에서 나오는 수익은, 몇 마리 사서 젖을 짜고 곧바로 도축장에 보내는 식의 단기 수익과는 본질적으로 다르다는 것을 사모펀드들도 알고 있습니다.

또한 사모펀드는 지속가능성도 반드시 고려합니다. 언젠가 다른 매수자에게 넘겨야 하기 때문입니다. 해당 기업에 지속 가능한 가치창출 플랫폼이

     좋은 회사 만들기

없다면, 다음 소유자의 전략적 실사 과정에서 미래 가치 하락이 드러나 매도자의 수익이 훼손될 수 있습니다.

따라서 3~5년은 출발점일 뿐입니다. 결코 최종 목표 지점이 아닙니다. 그리고 이 기간은 대부분의 회사가 좋은 회사로 바뀌는 데 걸리는 합리적인 기간일 수 있습니다.

미국이나 유럽에서는 네다섯 차례 연속으로 주인이 바뀌었는데도 매각 때마다 수익을 남긴 사례가 있습니다. 프랑스의 배관자재 공급업체인 프랑스 보노므Frans Bonhomme SA는 11년 동안 네 번이나 거래되며 매번 이익을 냈습니다. 후속 운용사는 전임자가 만들어 놓은 전략을 이어가고, 추가적인 가치 창출이 가능하다고 보일 때만 큰 변화를 시도합니다.

물론 사모펀드 운용사는 기업을 매각합니다. 그러나 이는 유한책임투자자에게 투자금을 돌려줘야 해서 일어나는 불가피한 절차이며, 사모펀드의 비즈니스 모델 자체에 속합니다. 이는 포트폴리오 기업이 지닌 비즈니스 모델의 타당성과는 별개의 문제입니다. 오히려 사모펀드 운용사가 엑시트를 단행함으로써 좋은 점은, 보유 기간 동안의 성과를 매우 구체적으로 확인할 수 있다는 사실입니다.

사례

1997년, 베인 캐피털과 찰스뱅크 캐피털 파트너스Charlesbank Capital Partners가 이끄는 컨소시엄은 매트리스 제조사 씰리Sealy를 인수했습니다.[8] 두 운용사는 씰리 경영진과 함께 전담팀을 꾸려, 경쟁 위치를 재점검하고, 성과 개선 과제를 우선순위화하며, 실행 로드맵을 촘촘히 만들었습니다. 성장 실적과 추세, 원가와 비용 요인, 경쟁사 제품과 실적을 샅샅이 보고, 소매상과 최종 소비자를 직접 인터뷰해 시장을 세분화하고, 세분화된 시장별로 제품 및 서비스 요구사항을 정의했습니다.

매트리스 밑에서 무엇을 발견했을까요? 예상치 못했지만 실행에 옮길 수 있는 수많은 사실들이 있었습니다.

- 씰리는 비용 측면에서 불리했고, 매출 구성은 수익성이 낮은 제품군 쪽으로 이동 중이었습니다. 그 결과 씰리의 이익률은 하락하는 반면, 주요 경쟁사들의 이익률은 개선되고 있었습니다.

- 제품군은 복잡해지고 있었지만, 이것이 비용 상승의 주 원인은 아니었습니다. 일부 추가 비용이 있긴 했지만, 제품 차별화는 높은 소매상 마진과 제조 마진을 유지하는 데 매우 중요했습니다.

- 매트리스를 판매하는 소매점은 매장 면적이 제한된 만큼, 진열 공간을 더 높은 가격대 제품으로 채우는 것이 수익성 개선의

지름길이었습니다.

- 소규모 유통 채널 점유율이 특히 낮았는데, 이 채널은 더 높은 마진과 더 빠른 성장을 주는 곳이었습니다. 경영진은 그 잠재력을 과소평가했고, 이에 맞는 운영 모델도 없었습니다.

이 엄격한 최대 잠재력 평가를 통해, 컨소시엄은 투자액의 5배 가치 창출을 목표로 잡았고, 핵심 과제에 화력을 집중했습니다.

우선 주력인 요추관리 매트리스 라인을 전면 재설계했습니다. 소비자가 거의 신경 쓰지 않던 '뒤집기' 기능을 위한 고비용 양면 설계를 버리고, 뒤집을 필요 없는 no flip 단면 설계를 채택했습니다. 그 결과 마진이 개선되었고, 단면 설계를 먼저 도입했던 경쟁사 시몬스 Simmons의 기술도 앞지를 수 있었습니다.

그리고 거래처 영업 전략 수립과 그 실행 방안,

가격 전략, 자재 손실을 줄이기 위한 제조 공정 개선이라는 세 가지 과제를 추진했습니다.

아울러 하지 말아야 할 일도 분명히 했습니다. 경영권 매각 이전의 경영진은 중저가 매트리스 매출 확대를 고민했지만, 제품 수익성 분석 결과는 '고가 집중'이 회사와 유통업체 모두에 더 유리하다는 결론을 보여줬습니다.

실행은 두 축이었습니다. 목표 가격대를 정해 핵심 라인을 재설계하고, 영업 사원들에게 각 거래처 상품 구성 전략을 최적화할 수 있도록 돕는 의사결정 도구를 제공했습니다.

그 결과 3년 동안 EBITDA가 50% 이상 증가했습니다. 회사의 최대 잠재력을 정의하는 것(목표 기업 가치와 핵심 과제 후보 확정)은 청사진 수립 단계에서 진행되는 실제 실행의 서막에 불과합니다. 다만 씰리의 뒷이야기를 미리 보면, 2004년 기존 주주는 회사를 사모펀드 KKR^{Kohlberg Kravis Roberts & Company}에 매각하며 자기자본 5배 이상을 회수했습니다.

KKR이 그 가격을 지불한 이유는 견고한 최대 잠재력 계획과 이미 나타난 실적 덕분이었습니다. 이후에도 씰리는 EBITDA 성장을 이어갔습니다.

회사의 최대 잠재력을 정의하는 접근법

최대 잠재력을 정의하는 작업은 상장사와 비상장사 모두에 적용될 수 있습니다.

물론 인수 경쟁의 현장에서는 가능한 한 '가장 정보에 정통한 입찰자'가 되는 것이 유리합니다. 하지만 우리가 강조하고자 하는 것은 그게 아닙니다.

"기업은 사모펀드식 접근법. 즉, 객관적인 사실 기반 위에서 자사의 잠재력을 최대한 발굴하기 위한 내부 실사를 통해 큰 이익을 얻을 수 있다"라는 말씀을 드리고 싶습니다.

또한 정기적으로 수행되는 이러한 '재발견' 과정

좋은 회사 만들기

은 기업의 건전성 유지에 결정적인 역할을 합니다.

12~18개월짜리 예산 주기에서 한 걸음 물러나 스스로에게 물어보십시오.

"우리 회사는 어디까지 성장할 수 있는가? 실제 가치는 얼마인가?"

또 1, 2년의 단기 투자 회수 주기에서 벗어나 다시 물어보십시오.

"기존의 것이든 새로 시작할 것이든 간에, 3년에서 5년 뒤 회사에 엄청난 영향을 미칠 핵심 사업은 무엇인가?"

마치 백지에서 다시 그린다는 마음으로 따져 보십시오.

"왜 누군가가 이 회사, 혹은 이 사업부를 소유하고 싶어 할까? 이 회사는 앞으로 무엇이 될 수 있을까?"

불행하게도, 현재 여러분이 사용하는 내부 관리회계 시스템은 이러한 질문에 대해 좋은 답을 내놓지 못할 가능성이 큽니다. 저희가 감히 말씀드리자면, 많은 기업의 경영진은 자신이 운영하는 환경에 대해 실제로 아는 것보다 훨씬 더 많이 알고 있다고 착각하는 경우가 많습니다. "내가 해봐서 아는데…" 라고 말하지만 실제로는 잘 모르고 있습니다. 결과적으로, 무엇을 해야 할지 명확해질 때까지 자신의 통념에 의문을 제기하지 않는 경우가 많습니다. 그때는 이미 너무 늦습니다.

사모펀드의 실사를 그대로 모방하는 것부터 시작하십시오. 회사의 잠재력을 최대한 파악하고 밑바닥부터 사실을 파헤쳐야 합니다. 수요의 동인을 파악하고, 앞으로의 변화 가능성을 사실에 근거해 모으십시오. 고객을 직접 만나 구매 의사를 결정하는 방식을 확인하고, 우리 제품이나 서비스가 경쟁사의 것과 비교해 어떤 위치에 있는지 이해해야 합니다. 성과의 격차가 있다면, 어디서 어떻게 해결할 것인지 구체화합니다. 우리가 아무것도 하지 않는다면 고객의 향후 구매 의향은 어떠하며, 시장 점유율에는 어떤 영향을 줄까요? 변화를 시도한다면 어떤 기회와 위험이 생길까요? 가격은 시간에 따라 어떻게 변해 왔고, 앞으로 영향을 미칠 고객의 요구나 경쟁사의 움직임 등은 무엇일까요? 비용 구조는 정말 경쟁력이 있습니까? 주요 경쟁사와 동일한 기준으로 비교해 보면 우리는 얼마나 어디서 유리하고 불리한가요? 그 격차를 줄이거나, 더 나아가 앞지르려면 무엇을 해야 할까요? 규제나 기술 변화는 어떤 경로로, 어느 정도의 강도로 우리 사업에 영향을 미칠까요? 우리는 실제로 어디서, 어떻게 돈을 벌고 있나요? 수익성이 없는 제품은 없습니까? 모든 고객으로부터 실제로 돈을 벌고 있습니까?

이 질문들에 쉬운 답은 없습니다. 하지만 어디서 찾고, 어떻게 종합할지를 알면, 고객, 비용, 파생 수요 같은 확실한 데이터는 확보할 수 있습니다. 거시경제 사이클이나 기술 변화처럼 불확실성이 큰 영역은 시나리오 범위를 설정해 평가하면 됩니다. 핵심은 기업과 환경에 대해 사실이 말해주는 것이 무엇인지, 그리고 가치를 창출하기 위해 실제로 움직일 수 있는 지렛대가 무엇인지를 파악하는 것입니다. 그래야 기업의 최대 잠재력을 제대로 정의할 수 있습니다. 그 과정에서 앞으로의 투자와 위험도 함께 이해해야 완성도가 높아집니다.

1990년대 후반, 사모펀드 운용사 센터 파트너스Centre Partners가 아메리칸 씨푸드American Seafoods라는 어업 회사를 인수한 사례는, 위험을 파악하는 와중에 뜻밖의 긍정적 요인까지 발견한, 포괄적 실사의 좋은 사례입니다.[9]

당시 이 회사는 미국 베링해에서 7척의 저인망 어선을 운영하며 알래스카 명태와 기타 어종을 잡아 가공하고 있었으며, 노르웨이 모회사가 소유하고 있었습니다. 그러다 미국 의회가 외국 기업이 미국 해역에서 조업하는 회사를 소유하는 것을 불법으로 규정하는 법을 제정하면서, 모회사는 어쩔 수 없이 회사를 매각해야 했습니다. 아메리칸 씨푸드는 1999년에 이익이 급증해, 직전 3년간 평균

EBITDA의 두 배 이상을 기록했지만, 어업 사업은 언뜻 보기에 그다지 매력적으로 보이지 않았습니다. 역사적으로 공급과 가격의 급격한 변동에 시달려 왔고, 점점 더 엄격해지는 규제로 인해 불안정하고, 수익성이 낮을 수밖에 없는 운명처럼 보였습니다.

이 어업 사업은 통념처럼 매력이 없는 사업이었을까요? 잠재적 인수자가 현금흐름 배수를 다소 낮게 잡아 매수하더라도 과도한 값을 치르는 셈이 될까요?

센터 파트너스는 소비재, 어업 운영, 해양 생물학 전문가들로 구성된 정예 실사팀을 투입했습니다. 그 결과, 아메리칸 씨푸드의 이익 급등은 일시적인 현상이 아니라 오히려 확대될 잠재력이 있음을 확인했습니다.

가장 흥미로운 데이터는 주요 어장의 건전성과 파생 수요에 대한 글로벌 분석이었습니다. 미국 알래스카 명태 어장의 총 생물량은 증가할 것으로 예상되는 반면, 경쟁 어장인 러시아와 대서양의 생물량은 빠른 속도로 감소하고 있었습니다. 그 결과, 전 세계 명태와 대구의 공급량은 줄어들 가능성이 높지만, 미국 알래스카 명태가 차지하는 시장 비중은 오히려 늘어날 것으로 보였습니다. 어류 가격 추세는 더 좋았습니다. 명태 가격은 최근 전체 공급량이 감소하면서 상승했으나, 경쟁 관계인 대구, 틸라피아, 호키 같은 흰살생선에 비해 훨씬 낮은 수준을 유지하고 있었습니다. 따라서 가까운 미래에 가격 경쟁이 일어날 가능성은 없어 보였습니다. 한편, 일본의 명태알(명란) 시장은 공급이 줄어드는 가운데 여전히 강세를 보였으며, 그 결과 알 가격이 급격하면서도 지속적으로 상승해 아메리칸 씨푸드가 장기간 큰 수혜를 입을 것으로 예상되었습니다.

마지막으로 긍정적인 소식은 알래스카 해역에서 명태를 잡을 수 있는 선박 수가 엄격하게 규제되고 있으며 앞으로도 늘어나지 않을 것이라는 점이었습니다.

수요가 늘고 있고, 자원이 많은 어장에서, 경쟁 없이 조업할 수 있는 선박들을 보유하고 있다는 게 확인된 것입니다. 그 결과 센터 파트너스는 선박별 투자자본 수익률ROIC과 수익성을 높은 확신을 가지고 계산할 수 있었습니다. 불과 얼마 전까지 매력이 없어 보였던 이 어업 비즈니스가 단숨에 매우 매력적인 사업으로 보이기 시작했습니다.

결과는 명확했습니다. 입찰에 성공했고, 인수 3년 만에 EBITDA가 다시 두 배 가까이 증가했습니다. 그야말로 대어를 낚은 셈이었습니다.

사모펀드 운용사는 회사의 자본 구조를 재편한 뒤 지분 일부를 매각하면서 초기 투자금의 약 4배에 달하는 수익을 실현했으며, 그 후에도 여전히 경영권을 유지한 채 매출과 이익 성장을 이어갔습니다. 그러다 2006년, 잔여 지분을 경영진과 알래스카 현지 파트너인 코스탈 펀드Coastal Villages Region Fund에 매각했습니다.

사실 기반의 활용

최대 잠재력을 정의할 때는 무조건 사실을 기반으로 해야 합니다.

우선, 3~5년 후 회사 가치가 어디까지 갈 수 있는지를 산정하고, 이를 경영진의 최우선 목표로 삼습니다.

다음으로는 그 목표에 도달하기 위한 소수의 핵심 과제를 뽑습니다. 이때 중요한 것은 기존의 관행에 도전하고, 다음과 같이 서로 다른 차원의 접근을 동시에 고려하는 것입니다.

- 현재 활동을 보다 수익성 있게 만드는 점진적 개선
- 향후 성공을 위해 일부 혹은 전체 활동을 재배치하는 대담한 전환
- 회사의 미래와 관련 없는 활동에서 자원을 과감히 전환하는 조치

“우리는 이미 5개년 전략이 있다”라고 말할 수 있습니다. 실제로 대부분의 기업은 그런 계획들을 가지고 있습니다. 그러나 자세히 들여다보면, 이 계획들은 지나치게 단순하거나 야심이 부족한 목표로 귀결되는 경우가 많습니다. 왜일까요? 대부분 어려운 선택을 피하기 때문입니다. 많은 상장사는 각 사업부와 제품 라인이 과거와 같은 성장률을 유지한다고 가정합니다. 반대로, 어떤 사업을 과감히 매각해 더 유망한 사업에 집중 투자할지 깊이 고민하는 경우는 드뭅니다.

같은 맥락에서, 새 핵심 과제에 과감히 투자하기를 주저합니다. 해당 과제가 실패한다면 그 결과는 눈에 잘 띌 것이고, 이는 고위 경영진의 커리어에 치명적일 수 있습니다. 성공한다고 하더라도 오래 걸리거나 시기가 늦어지면, 단기 성과 중심의 시장 분위기 탓에 경영진에게 불리할 수 있습니다.

전략적 실사가 버겁게 들릴 수 있지만, 반드시 그런 건 아닙니다. 만약 파생 수요, 고객, 경쟁, 경영 환경, 미시경제 분석이 아직 회사의 표준 절차가 아니거나, 앞서 말한 수준까지 도달하지 못했다면, 처음엔 외부 도움을 받아 실행하고, 이후 내재화하면 됩니다. 중요한 건 실행 가능성입니다. 목표는 어디까지나 3개에서 5개 핵심 과제에 집중하는 것입니다. 추상적인 논의에 빠져 길을 잃지 마십시오. 가능하다면 지속적으로 조직문화를 점검해, 누가 변화에 열정적이고 누가 아닌지 파악하십시오. 현상 유지status quo에 대한 선호는 의외로 강력합니다. 따라서 가치 창출 과정을 추진하는 데 도움을 줄 강력한 우군을 반드시 찾아야 합니다.

흥미로운 사실 하나. 최고의 사모펀드 중 일부는 자산을 한동안 보유한 뒤에도 같은 과정을 반복합니다. 다시 사들인다는 게 아니라, 사업을 새로 바라보고, 가치를 재구성하며, 고객에게 더 매력적인 제안을 찾아내려는 것입니다. 선도 기업도 마찬가지여야 합니다.

월요일 아침의 실천 과제:
최대 잠재력을 정의하기

귀사를 대상으로 자체 실사를 하십시오. '전략적 실사' 관점에서 외부인의 눈으로 다음을 점검합니다.

- 파생 수요 분석
- 고객 분석
- 경쟁 분석
- 기업 환경 분석
- 미시경제 분석

그 결과로 최대 잠재력을 구체화하십시오. 현금흐름이 얼마나 성장할 수 있습니까?

과감한 움직임과 큰 변화를 받아들이십시오. 최대 잠재력을 달성하기 위해 변화가 필요하다면 반드시 실행해야 합니다.

핵심 과제 3~5개를 정하고, 이와 동시에 하지 말아야 할 일도 명시하십시오.

3에서 5년의 중기적인 관점을 채택하십시오.

조직문화를 점검하십시오. 현상 유지의 관성이 어디서 오는지 살펴보십시오.

자체 실사를 신속히 시작하십시오. 이것이 최우선 과제입니다.

그리고 2~3년 후 반복하십시오.

〉　2. 청사진을 수립하기

앞선 장에서 설명한 것처럼, 기업의 최대 잠재력을 평가하기 위한 전략적 실사를 마치고 나면, 사모펀드 인수자는 "얼마나 더 성장할 수 있는가"에 대한 감각과 이를 이끌 핵심 과제가 무엇인지 분명한 인식을 갖게 됩니다.

이제 여러분이 직접 자사에 대해 전략적 실사를 수행했다고 가정해 보겠습니다. 그 결과, 조직의 역량과 잠재력에 대한 명확한 그림을 얻게 되었을 것입니다. 사모펀드 투자자와 마찬가지로, 여러분 역시 회사 안에서 가장 높은 잠재력을 지닌 핵심 과제들을 선별해냈습니다. 이 영역은 향후 3~5년 동안 체계적인 투자와 집중을 통해 가장 높은 수익을 기대할 수 있는 분야입니다.

이제 목표는 그것을 현실로 만드는 것입니다. 그 출발점이 바로 청사진을 수립하는 일입니다.

사모펀드 운용사의 청사진 수립 전략

청사진 수립 단계에서 사모펀드 인수자는 두 가지 핵심 데이터에서 출발합니다.

- 3~5년 후의 최대 잠재력을 기반으로 한 지분가치
- 경영진과 사모펀드 운용사가 최대 잠재력 분석 과정에서 과감히 추진하기로 합의한 몇 가지 핵심 과제(대체로 3~5개, 많아도 6개 이내)

청사진은 이 핵심 과제에 생명력을 불어넣습니다. 실질적인 과제는 반드시 자원 제약의 현실과 맞물려야 합니다. 목표를 달성하려면 필요한 활동이 있고, 그에 따른 투자가 요구되며, 정해진 순서와 기한에 따라 이를 수행할 사람이 필요합니다. 청사진은 조직이 어떻게 핵심 과제를 성공적으로 완수하고 결국 최대 잠재력에 도달할지를 실용적이고 구체적으로 제시하는 전략적 운영 계획입니다.

각 핵심 과제마다 청사진은 실행을 위한 매우 구체적인 로드맵으로 세분화됩니다. 각 핵심 과제에는 실행 조치, 자원, 일정, 주요 이정표, 성과 지표, 그리고 산출물이 함께 정의됩니다. 또한 진행 중인 핵심 과제들이 서로 연관된 경우, 그 상호 관계와 주요 경로상의 과제들까지 청사진에 명확히 규정됩니다.

핵심을 다시 강조하면, 사모펀드의 청사진은 전통적인 전략 계획 문서와 다릅니다. 일반적인 전략 계획은 "무엇이 되고 싶은가"에만 집중하고 "어떻게 실행할 것인가"는 소홀히 다루는 경향이 있습니다. 반면, 사모펀드의 청사진은 오직 실행에 관한 것입니다. 핵심 과제를 어떻게 실행해 제한된 기간 안에 1달러를 몇 달러로 키울지, 구체적인 실행 방안에 초점을 맞춥니다.

예로 씰리 사례를 다시 보겠습니다. 씰리의 핵심 과제 중 하나는 공통 플랫폼을 기반으로 한 핵심 매트리스 라인의 재설계였으며, 이는 성장을 촉진하고 제조 용이성을 개선하며 비용을 절감하기 위한 것이었습니다. 팀은 다음과 같이 세부 조치를 담은 청사진을 만들었습니다.

첫째, 유통업체의 니즈와 경쟁사 제품을 분석해 이상적 제품 속성을 도출했습니다.

둘째, 연구개발 부서와 제조 부서가 함께 대체 플랫폼 설계의 원가를 산출했습니다.

셋째, 범부서 제품개발 프로그램 추진실을 만들어 개발 일정, 프로세스 요구사항, 관리 역할을 체계화했습니다.

넷째, 필요한 설비 투자, 교육, 증설 계획을 확정했습니다.

마지막으로, 어떤 브랜드에 새 디자인을 먼저 적용하고, 어느 유통업체에 우선 공급할지를 조율했습니다.

씰리는 계획대로 신형 디자인을 출시했고, 설비투자 지출을 최소화하면서 EBITDA 22% 개선을 달성했습니다. 이를 통해 목표로 삼은 프리미엄 가격대에 대한 재투자를 극대화했습니다.

기업 차원에서 청사진을
수립한다는 것의 의미

그렇다면 기업 차원에서 청사진을 수립한다는 것은 무엇을 뜻할까요? 앞에서 보았듯, 많은 기업은 과감한 선택을 망설이거나 새로운 핵심 과제에 베팅하는 데 주저합니다. 그러나 청사진 단계에서는 이를 넘어야 합니다. 즉, 핵심 과제 목록에 전념하고, 그것을 구현할 실행지향적 로드맵을 설계해야 합니다.

먼저 청사진이 어떤 모습이어야 하는지, 스스로 구상해 보세요. 그 다음 최고경영진 팀을 한자리에 모아, 말 그대로 '창문 없는 방'에 들어가 집중적이고 포괄적인 계획 수립을 끝낼 때까지 매달리십시오. 협력과 추진력이 높아질 것 같다면 외부 진행자를 초청해 과정을 주도하게 하는 것도 좋습니다. 그리고 반드시 질문해야 합니다. 필요한 자금은 얼마나 되는지, 인력은 어떻게 배치할 것인지, 그것을 어디서 확보할 것인지 확인해야 합니다.

사실을 근거로 정밀 검증하십시오. 현상 유지를 옹호하는 주장에는 근거로 맞서야 합니다. 프로세스를 통해 경영진 전체가 사실 기반과 청사진을 충분히 이해하고 동의하도록 만드십시오. 1999년 마이클 카펠라스Michael Capellas가 컴팩Compaq의 CEO

가 되었을 때, 회사는 내부 갈등으로 흔들리고 있었습니다. 그는 경영 정상화를 위한 청사진에 합의하도록 경영진 전원을 한 방에 모았습니다. 그리고 사흘 뒤, 그들은 모두 하나로 단결한 상태로 그 방을 나왔습니다.[10] 그 계획은 경영 정상화를 이끌었고, 이후 휴렛 팩커드(HP)로부터 200억 달러 인수가를 이끌어내는 데도 기여했습니다.

한국 제일은행에서 청사진을 수립한 사례

다른 사례로, 사모펀드 업계의 거물인 TPG^Texas Pacific Group와 블럼 캐피털 파트너스^Blum Capital Partners가 공동 설립한 뉴브리지 캐피털이 한국의 제일은행을 파산 직전의 기업금융 전문은행에서 세계적 수준의 소비자 금융기관으로 바꾼 과정을 보겠습니다.[11]

1997년 아시아 금융위기 이전 제일은행은 국

내 1위 기업금융 은행이었으나, 위기를 겪으면서 큰 타격을 받았습니다. 2000년 뉴브리지가 정부 관리 체제로부터 제일은행을 인수했을 당시, 은행은 지점마다 지원부서 업무 공간을 두는 형태의, 비용이 많이 드는 전통적인 지점망을 유지하고 있었습니다. 뉴브리지는 은행의 최대 잠재력을 재정의하며 한 가지 핵심 기회를 포착했습니다. 제일은행을 경쟁력 있는 개인금융 전문은행으로 전환하는 것입니다. 실사 결과, 이를 위해 세 가지 핵심 과제가 도출되었습니다.

- 지점 구조를 개인 고객 중심의 금융 서비스에 맞게 재설계할 것
- 개인금융 전문은행 수준의 후선 지원, 고객 서비스 역량을 구축할 것(IT 시스템의 업그레이드와 목표 정렬 포함)
- 고객 서비스와 개인금융 영업에 집중하는 새 영업 인력 모델을 만들 것

뉴브리지와 경영진은 이 핵심 과제를 달성하기 위한 정교한 청사진을 설계했습니다.

첫 번째 과제의 목표는 유동 인구가 많은 소비자 중심 지역에 지점을 재구성하고 단순화하는 것이었습니다. 신규 건설 대신 기존 인프라를 재설계했습니다. 기업금융 업무는 몇 개 대형 지점에 통합했고, 일부 지점은 폐쇄해 전체 지점망을 31개 축소했습니다. 나머지 지점은 지원부서 기능을 걷어내고 고객 영업에 집중하도록 바꿨습니다. 이 단순화만으로 1년에 5천만 달러의 순이익 개선이 나타났습니다.

두 번째 과제를 위해 외부 기술 전문가의 지원을 받는 고위 임원진 팀을 꾸려 변화 관리 프로그램을 주도했습니다. 대출, 채권 추심, 무역금융을 두 개의 신규 고객 서비스 센터로 통합했습니다. 동시에 IT 조직을 업그레이드하고 텔레마케팅, 콜센터 기능을 추가하는 프로젝트를 병행했습니다. 이러한 병행 설계로 5개월 만에 새 시스템을 가동할 수 있었습니다.

　마지막으로, 청사진은 올바른 영업 인력과 적절한 조직 설계의 필요를 반영했습니다. 한국은 강한 노사 관계가 형성되어 있고, 파산 및 매각 과정의 혼란은 최일선 직원들의 사기를 떨어뜨렸습니다. 전환기의 이들을 유지하는 것이 절대적 과제가 되었습니다. 이를 인식한 경영진은 핵심 인사 담당자들을 변화의 동반자로 삼아, 지점 직원들과 더 가까이 교류하도록 했습니다. 또한 경영진은 구조조정으로 직무가 중복된 직원들을 유지하겠다는 은행의 의지를 공개적으로 알리고, 이들이 고객 서비스와 영업 등 새로운 직무로 전환할 수 있도록 교육을 지원했습니다. 지점 폐쇄와 업무 프로세스 변화로 800개의 일자리가 사라졌지만, 새로 생겨난 역할 덕분에 해당 직원들은 새로운 직무에 지원할 수 있었습니다. 이러한 솔직한 소통과 지원, 그리고 업무 효율성 향상을 위한 금전적 인센티브가 더해지면서 제일은행은 빠르게 소비자 친화적 사업으로 전환했고, 대출 승인 소요 시간도 75% 단축할 수 있었습니다.

2005년, 인수 5년 후 제일은행의 대출 프로세스와 콜센터 인프라는 업계 최고 수준에 도달했습니다. 주택담보대출 판매 성장에서 다시 1위를 차지했고, 부실채권 비율 최저 수준으로 재무 건전성을 확보했습니다. 인프라 개선은 속도와 비용 절감을 동시에 가져와 지점당 평균 인원은 10명에서 8명으로 줄었습니다. 그 성과는 2005년 1월, 영국의 스탠다드차타드(SC)가 32억 5천만 달러에 제일은행을 인수하며 확인되었습니다. 이는 사모펀드의 자기자본 투자 대비 약 4배 수익이었고, SC는 이 모델을 다른 국가에도 수출했습니다.

시작하기

출발점에 따라 청사진 수립이 쉬울 수도, 벅찰 수도 있습니다. 잭 웰치 시기의 GE, 피터 브라베크의 네슬레처럼 숙련된 조직도 있지만, 이는 예외에 가깝습니다.

앞서 말했듯, 청사진 수립의 어느 부분이라도 낯설거나 무겁게 느껴진다면 반드시 외부의 도움을 받으십시오. 평균적으로 청사진 수립에는 2~6개월의 예산과 시간이 필요하며, 최초의 핵심 과제를 100일 이내에 착수하는 것을 목표로 삼아야 합니다. 사업 성격과 경쟁 환경에 따라 복잡성이 높을수록 더 오래 걸릴 수는 있습니다. 하지만, 잊지 말아야 할 점은 최대 잠재력 정의 과정이 몇 년마다 순환되기 때문에 청사진은 어느 정도 항상 진행 중인 과제라는 사실입니다.

갱신 주기가 어떻든, 그 순환은 청사진에 새로운 관점을 부여하게 됩니다. 그때 또 수정하면 됩니다. 또 초기 핵심 과제가 본격적인 궤도에 오르면, 최우선 과제에서 보류됐던 'B 리스트' 과제에도 시선을 돌릴 여력이 생깁니다.

여기서 자연스레 질문이 떠오릅니다. "행동주의(activist) 사모펀드는 우리가 갖지 못한 이점을 갖고 있지 않은가?" 즉 조직 전체가 틀을 깨고 더 나은 운영 모델이 가능하다는 공감대를 공유한다는 점 말입니다. 사모펀드가 투자했다는 사실 자체가 해당 기업 안에 긴박감과 불안, 그리고 기대를 불러일으켜, 좋든 나쁘든 현상 유지보다 변화를 촉진하는 환경을 만들어내지 않느냐는 것입니다.

답은 "그렇다"입니다. 그러나 CEO인 여러분도 그런 분위기를 만들 수 있습니다. 청사진 수립은 CEO가 새 출발선을 또렷하게 긋도록 돕습니다. 특히 신임 CEO에게 유효합니다. 실제로 그들은 사모펀드의 의사결정자들이 직면하는 것과 유사한 도전 과제에 부딪히기 때문입니다. 내부 승진이든 외부 영입이든, 신임 CEO는 회의적인 시선을 설득하고 관행을 깨야 합니다. 부임 첫 100일 내에 최대 잠재력 정의를 위한 전략적 실사를 시작한다면, 조직 내부에 통제된 불씨를 지펴 이사회와 핵심 임원과의 관계를 공고히 하고, 숨어 있는 인재를 발굴하며, 조직을 공통 비전으로 묶을 수 있습니다.

물론 이는 신임 CEO만의 도구가 아닙니다. 실사를 수행하고 청사진을 수립하는 일은 어떤 비즈니스 리더에게든 도움이 될 수 있습니다. 경쟁에서 뒤처졌다고 느끼는 기업, 혹은 오래된 성과 기준을 근본적으로 개선하려는 기업에도 강력합니다. 더 나은 길을 찾았다면 즉시 그 길을 걷기 시작해야 합니다. 하루라도 지체하면 경쟁자의 기회는 커지고, 여러분의 기회는 줄어듭니다. 조직의 재출발이 필요하다고 결론내렸다면, 청사진을 즉시 활용하십시오.

월요일 아침의 실천 과제:

청사진을 수립하기

3~5개의 핵심 과제 로드맵을 수립하고, 그 과제에 집중하십시오.

큰 그림에서 출발해, 결국 월요일 아침 9시에 무엇을 달리 실행할 것인지까지 최대한 구체화하십시오.

구체적이고 실용적으로 접근하십시오.

사실이 이기도록 만드십시오.

열정과 조직의 목표를 일치시키십시오.

처음 시작할 때 2~6개월 예산을 배정하십시오.

3. 성과를 가속화하기

집을 짓는 방법은 무엇일까요? 먼저 비전을 세우고, 그 비전을 구체화한 청사진을 만듭니다. 배선부터 문손잡이까지 모든 세부를 담아야 합니다. 하지만 청사진을 다 그렸다고 해서 곧장 사람이 살 수 있는 집이 완성되는 것은 아닙니다. 아직 갈 길이 남아 있습니다.

이 절에서는 최고의 사모펀드 운용사들이 성과를 가속화하는 과정을 통해 실제로 '집을 짓는' 법을 살펴봅니다. 이 과정은 서로 영향을 주고 보완하는 수많은 활동의 결합입니다. 조직을 청사진에 맞게 정렬하고, 진행 상황을 점검하며, 청사진을 앞으로 밀어붙이는 장치를 만들고, 핵심 인력을 동기부여하고 보상하는 일까지 포함됩니다.

사모펀드 운용사의 성과 가속화 전략

사모펀드 운용사가 청사진을 현실로 옮길 때 첫 번째 우선순위는 조직을 청사진에 맞게 다듬는 일입니다. 그들은 경영진과 협력해 회사 안에서 어떤 수준의 지원이 필요할지 파악하고, 실제로 그 지원이 이뤄지도록 보장합니다. 이렇게 해야 청사진과 관리 역량 사이에 생길 수 있는 불일치를 피할 수 있습니다.

필요하다면, 더 구체적인 수준으로 내려갑니다. "어떤 자리에 누가 적합한가?", "이 핵심 과제에 가장 맞는 내부 인재는 누구인가?", "아웃소싱을 포함해 어떤 외부 인재를 활용할 수 있는가?"를 따집

　　　　　　　　　　　좋은 회사 만들기

니다. 분명히 할 점이 있습니다. 사모펀드 운용사들은 대체로 회사를 직접 운영하지 않습니다. 운영하려 하지도 않고, 실제 운영하면 더 못할 것이라고 먼저 인정할 사람들입니다. 이들이 원하는 것은 단 하나, 경영진이 성공할 수 있는 환경을 보장하는 것입니다. 내부와 외부 자원을 동원해 경영진이 청사진을 실행으로 전환하도록 돕는 것이 그들의 역할입니다.

최고의 운용사들은 최고경영진의 책임성을 강화합니다. 방식은 여러 가지입니다. 예를 들어 각 핵심 과제마다 반드시 임원 후원자를 두고, 성공에 직접적이고 개인적 이해관계를 지닌 오너owner를 배정합니다. 청사진을 경영진 대화의 중심 의제로 두고, 매달 진행과 성과를 심층 검토합니다. 또한 임원 보상(지분 보상 포함)을 각자의 사업부 및 핵심 과제 성과에 연계해 사실상 그들을 오너로 만듭니다. 일반적인 경우 경영진은 총 지분의 10~30%를 보유합니다. 이는 주식 보상, 직접 투자(필요시 사모펀드로부터 차입 포함), 청사진 목표 달성에 따른 성과 보상 등을 통해 이뤄집니다.

이들은 단순히 '오너처럼 생각'하는 데 그치지 않고, 실제로 오너가 됩니다.

실행을 밀어붙이기 위해 프로그램 관리 도구도 적극 활용합니다. 대표적인 것이 프로그램 추진실 program office 입니다. 프로그램 추진실은 청사진을 관리하며, 각 핵심 과제가 제때 가치를 내도록 보장합니다. 단순 인력 보강이 아니라, 조직 전반에서 차출된 다기능 인력으로 구성된 소그룹입니다. 일부는 고위직, 일부는 실무자입니다. 프로그램 추진실은 격주 단위로 최고경영진에 보고해 진행을 점검하고, 해결해야 할 이슈와 핵심 의사결정을 부각합니다. 각 부서의 기능을 가로지르는 이슈를 세심하게 관리하고, 부서 간 권한 충돌을 정리합니다. 또한 최고경영진과 함께 때로는 어려운 결정을 반드시 내리도록 하고, 관련자들이 책임을 수용하게 만드는 핵심 역할을 합니다.

모든 청사진에 프로그램 추진실이 필수는 아닙니다. 그러나 핵심 과제가 대담하고 변화 폭이 클수록, 프로그램 추진실은 필요까지는 아니어도 큰 도움이 되는 경우가 많습니다.

마지막으로, 최고의 운용사들은 표준 관리회계 지표에만 의존하지 않고, 자본가치를 키울 핵심 과제의 성공을 가늠하는 지표를 따로 추적합니다.

핵심 지표 모니터링하기

당연한 얘기부터 하죠. 사모펀드 운용사들은 시장 데이터와 성과 데이터 등 핵심 지표를 집요하게 봅니다. 이들의 수익은 투자 선택이 성과를 낼 때 생깁니다. 그래서 각 포트폴리오 기업의 맥박을 재듯 꼼꼼히 확인합니다. 계획이 제대로 이행되는지, 일정이 지켜지는지, 기대한 성과가 실제로 실현될 수 있는지 따집니다.

덜 자명한 사실도 있습니다. 모든 운용사가 같은 항목을 추적하는 것은 아닙니다. 일부는 시장, 재무 성과 같은 기초 지표에서 멈춥니다. 반면 행동주의 성향의 인수자들은 더 깊이 파고듭니다. 재무 성과에 반영되기 전에 운영 목표 달성의 진척을 보여주는 지표를 봅니다. 지도(청사진)가 목적지로 이끌었는지를 나중에 확인하는 대신, 내비게이션을 켜두고 우리가 올바른 방향으로 가는지를 실시간 점검하는 셈입니다.

따라서 이들은 미래를 내다보고, 근본 원인을 짚어내며, 행동을 촉발하는 운영 지표에 집중합니다. 예컨대 '고객당 이익'은 과거를 보여줍니다. 반면 '지난달 확보한 고부가 고객 수'는 향후 추세를 드러냅니다. '매출 감소'는 결과 신호에 불과하지만, '매출 이탈률', 즉 계약을 취소한 고객 수는 어디에 개입해야 할지 알려줍니다.

크라운 캐슬의 경우, 경영진은 무엇보다도 임대율(타워당 임대 안테나 수)을 추적했습니다. 안테나 수가 늘면 긍정, 줄면 부정 신호입니다. 이 지표가 기업 가치 상승의 진척 상황을 가장 명확히 보여줍니다.

사모펀드는 현금흐름을 이익보다 더 면밀히 봅니다. 이익은 왜곡될 수 있지만, 현금은 재무 성과의 진짜 척도이기 때문입니다. 따라서 회계상 사용되는 사용자본수익률ROCE 같은 모호한 지표보다 실제 사업에 투입한 자본이 얼마나 수익를 내는지를 보여주는 투하자본수익률ROIC을 선호합니다. 예를 들어 한 와인 제조 포트폴리오 기업에서는 총자산이익률ROA이나 경제적 부가가치EVA 대신 현금흐름과 현금 전환 주기cash-conversion cycle를 썼습니다. 와인은 자산집약 산업이라 감가상각, 무형자산 상각을 이익에서 차감하는 지표를 쓰면 포도밭과 숙성고 보유가 불리하게 보일 수 있지만, 실제로는 시간이 지날수록 가치를 높이는 자산이기 때문입니다.

크라운 캐슬이 집중한 재무 지표는 주당 현금흐름입니다. 단순 현금흐름 같은 절대 지표와 대비됩니다. 절대 현금흐름은 인수합병으로 늘릴 수 있어도 주당 현금흐름을 반드시 개선하지는 못합니다. 이 접근은 회사가 외형 확대가 아닌 주주가치 성장에 초점을 맞추도록 보장합니다. 주당 현금흐름은 크라운 캐슬의 내부 관리 지표이자 월가 애널리스트를 설득하는 대외 지표이기도 합니다.

또한 최고의 운용사들은 한 가지 지표 틀을 모든 기업에 일괄 적용하지 않습니다. 기업 특성에 맞춰 조정합니다. TPG 공동창립자 제임스 콜터는 이렇게 말합니다. "우리는 우리의 지표가 아니라 그들의 지표를 사용합니다. 성과 지표는 본사 틀이 아니라, 해당 사업부에 적합해야 합니다."[12] 앞서 언급했듯, 이들은 핵심 지표에 보상을 연계해 경영진이 청사진 목표를 달성했을 때 확실히 보상합니다.

올바른 성과 지표 설정하기

무엇을 모니터링할지의 선택은 맥락에 크게 좌

    좋은 회사 만들기

우됩니다. 사모펀드 CVC 아시아 퍼시픽과 CCMP 캐피털 아시아(구 JP모건 파트너스 아시아)가 싱가포르 옐로페이지SYP를 정상화한 사례를 보겠습니다. 두 운용사는 2003년 6월, 현지 통신사 싱텔SingTel로부터 전화번호부 발행 회사를 인수했습니다.

새 소유주들의 첫 과제는 긴장감을 불어넣는 일이었습니다. 시장점유율 87%, 위협적인 경쟁자 부재라는 겉모습과 달리, SYP는 1999년부터 2003년 사이에 매출이 40% 떨어졌고 이익률도 악화됐습니다. 광고주가 이탈하고, 영업 인력도 떠났습니다. 의욕을 잃은 영업사원의 연간 이직률은 50%를 넘었습니다.

새 소유주와 경영진은 광고 영업 전면 재편이라는 핵심 과제를 추진했습니다. 청사진은 잠재 가치에 따라 순위를 매긴 12개 고객군별로 구체적 매출, 이익 성장 목표를 설정했습니다. 영업 발굴 과정도 갈아엎었습니다. 전화 CS와 개별 담당자의 조율되지 않은 중복 활동 대신, 영업팀이 광고주의 현재 및 잠재 가치를 산정해 우선순위를 정하는 체계로 바꿨습니다. 집중력을 유지하기 위해 1인당 담당 계정 수를 조정하고, 거래 성사를 위한 통화 및 방문 횟수 가이드라인을 마련했습니다. 이어 영업, 마케팅 실행을 업계 모범 사례와 벤치마크하고, 최고 성과자에게 강한 성과급을 주는 새 보상 체계를 도입했습니다.

지표는 고객 그룹별로 맞춤 설계했습니다. '플래티넘' 고객은 재계약 유지율, 업셀링, '골드' 고객은 크로스셀링, '브론즈' 고객은 신규 계정 수, 분야별 침투율이 핵심 지표였습니다. 정량 지표(예, 투자수익률ROI)를 통한 성과 측정은 영업팀에 고객 설득 도구를 제공했습니다. 광고 지출의 높은 투자수익률을 명확히 설명할 수 있는 영역에서 재계약률이 더 높다는 사실도 확인했습니다.

새 지표들은 SYP 정상화가 계획대로 진행되는지 보여주는 성적표가 됐습니다. 영업 1달러가 고객당 얼마의 수익을 내는지 처음으로 투명해졌고,

　　　　좋은 회사 만들기

명확한 지표는 새 영업 전략이 효과적임을 잠재 투자자에게도 각인시켰습니다. 인수 1년 남짓 후, 파트너들은 SYP를 상장해 최초 투자금의 2.6배 수익을 확정하면서도 20% 지분을 유지했습니다.

성과 가속화가 CEO에게 의미하는 것

대부분의 기업은 적재적소 인재 배치, 핵심 과제에 대한 주인의식의 중요성을 이해합니다. 하지만 실제로 실행하는 데 서툰 경우가 많아 최고의 사모펀드처럼 가속도를 내지 못합니다.

한 CEO는 솔직히 털어놓았습니다. 청사진의 행동을 수행할 관리자조차 없었고, 그런 관리자를 채용할 HR 역량도 부족했다고요. 이런 문제는 흔합니다. 다시 자문해 보십시오. 합의된 청사진을 현실화하려면 무엇이 필요한가? 청사진의 구체적 실행 과제를 특정 개인의 책임으로 전환했는가? 정확히 누가 이 성과에 책임을 지는가? 인재 공백은 어디이며, 어떻게 메울 것인가? 충분한 인재가 있더라도, 의사결정이 현명하고 신속하게 내려져 실행되도록 조직이 제대로 설계되어 있는가?

우리는 종종 기업들과 함께 RAPID 의사결정 프레임을 정리합니다.[13]

R(Recommend): 행동을 제안하는 사람

A(Agree): 제안에 동의, 승인하는 사람

I(Input): 정보와 조언 제공하는 사람

D(Decide): 최종 결정을 내리는 사람

P(Perform): 결정된 일의 실행하는 사람

이 프레임을 조직 전체에 공유되는 일종의 의사결정 소프트웨어로 보십시오. 소프트웨어만 잘 손봐도 대규모 조직개편 없이 큰 변화를 만들 수 있습니다. 조직개편은 대개 해롭습니다. 시간이 오래 걸리고, 정치적 소모가 큽니다. 게다가 새 조직도는 종종 핵심 과제와 동떨어집니다.

다음으로, 재무제표에 드러나기 전에 성과를 미리 포착할 현장 밀착형 지표를 고르십시오. ERP가 기계적으로 뱉는 숫자에 기대지 말고, 각 핵심 과제가 적절한 지표로 성공하고 있는지를 보여주는 데이터를 찾으십시오. 그 데이터가 현금 기반인지, 시장 기반인지, 경쟁 기반인지, 운영 기반인지 자문하십시오. 현재 자원으로 확보가 어렵다면, 무엇을 보강해야 하는지 점검해야 합니다.

네슬레에서 피터 브라베크 회장은 최대 잠재력 시나리오의 네 가지 핵심 과제 각각에 매우 구체적인 지표를 뒀습니다. 예를 들어 '제품 포트폴리오의 혁신과 개선' 과제에서 R&D 재정비를 요구했을 때 목표는 분명했습니다. 신제품이 매년 포트폴리오의 20% 이상일 것, 모든 제품은 소비자 조사에서 최소 40에서 60 퍼센트 이상 지지를 얻을 것, 더 나은 영양 정보를 제공할 것이었습니다. 궁극적 지표는 연 5~6% 유기적 성장과 지속적 마진 개선이었습니다. 이처럼 구체적인 지표 덕분에 네슬레는 변화 프로그램이 정상 궤도에 있음을 확인하고, 임직원과 투자자를 명확한 이정표로 결집시킬 수 있었습니다.

여러분과 경영진은 청사진 추진과 성과 달성을 궤도에 올릴 프로그램 관리 메커니즘, 예를 들면 앞서 언급한 프로그램 추진실 도입 등을 고민해야 합니다. 몇 해 전, 우리는 한 유럽 대형 상장 제조기업의 신임 CEO가 추진실을 설치하도록 도왔습니다. 회사는 사실상 지급불능 직전이었고, 지난 13년간 자본비용을 충족한 적이 한 번뿐이었습니다. 배당을 위해 은행에서 돈을 빌려야 했고, 주가는 몇 푼 수준으로 폭락했습니다. 사업은 제철소 가마 제조부터 철도차량 제작까지 서로 무관한 포트폴리오였고, 애널리스트 관심도 거의 없었습니다. 우리는 CEO와 함께 회사의 최대 잠재력을 당시 시가의 10배로 정의했습니다. 물론 당시 시가가 매우 낮았습니다. 핵심 과제는 특정 사업부의 통합 및 매각, 핵심 사업부의 유기적 성장 재점화, 가격 관리 효율화, 본사 관리비 대폭 축소, 자산 활용 극대화로 자본 효율을 높이는 것이었습니다.

이처럼 광범위한 변화에는 추적 장치가 필요했습니다. 추진실은 COO, CFO, R&D 부서장, 제조/엔지니어링 부서장, HR 책임자 등으로 구성되었습니다. 우리는 핵심 과제 추적을 위한 보고 양식과 단순 스프레드시트 같은 실용 도구를 도입했습니다. 이 그룹은 초기 매주, 이후 격주로 모여 청사진 실행과 이정표 달성을 점검했습니다. 목표를 달성하지 못할 경우 내부 조정을 통해 적임 인력을 배치했습니다. 추진실은 수년간 유지되며 진화했습니다. 전환 완료 후 회사는 사업부를 9개에서 4개로 줄였고, 본사 일반관리비를 70%나 절감했으며, 여러 분기에 걸쳐 연속으로 기록적인 성장을 달성했습니다. 주식가치 10배 라는 야심찬 목표도 3년 만에 이뤘습니다. 물론 이 사례는 다소 극단적으로 들릴 수 있으나, 잘 운영된 추진실은 최고경영진을 꾸

준히 지원하며 핵심 과제가 정상 궤도에 있도록 보
장하는 매우 강력한 장치입니다.

보상에 대한 고민

이제 보상을 간단히 짚고 마무리합시다. 앞서
사모펀드 환경에서는 보상과 인센티브를 성과에
연계해 핵심 리더에게 강력한 주인의식을 불러일
으킨다고 했습니다. 다만 상장사 CEO라면 지분을
인센티브로 활용하기에는 한계가 있습니다. 오랫
동안 쓰인 스톡옵션조차 제약이 늘고 있습니다.

그렇다고 방법이 없는 건 아닙니다. 핵심 과제
에서 탁월한 성과를 냈다면 실질적인 보너스를 지
급할 수 있습니다. 적용할 간단한 기준은 이것입니
다. 그 사람이 통제할 수 있는 성과와 직접 연계되
어 있는가?

많은 기업이 인센티브를 당기순이익에 연계하

는데, 이는 조직 내 개인이나 특정 팀이 쉽게 움직일 수 있는 지표가 아니기 때문에 결국 의도했던 동기 부여 효과를 잃고 비용만 낭비하게 됩니다.

"선택된 핵심 과제 참여자에게만 보너스가 간다"는 불만도 나올 수 있습니다. 그러나 회사 역사 속에서도 특정 중대한 과제를 수행하는 인력에 특별 보너스를 준 사례는 흔할 겁니다. M&A 통합팀은 일을 잘하면 연봉에 달하는 보너스를 받기도 합니다(잘하면 아이러니하게도 자기 일자리를 잃을 수도 있기 때문입니다). 불만이 제기되면 이런 사례를 상기시키고, 핵심 과제가 회사 성공에 필수임을 다시 강조하십시오.

또한 핵심 과제의 성공은 더 많은 핵심 과제, 더 넓은 참여 기회로 이어질 확률이 높고, 이는 빠른 승진으로 연결돼 개인 커리어를 도약시킬 수 있음을 알려야 합니다. 실제로 크리스 존슨은 브라베크 회장에 의해 직접 발탁되어 GLOBE 핵심 과제를 이끌게 되었는데, 그는 일본, 프랑스, 대만, 미국에서 혁신적인 프로그램을 실행하며 영업과 마케팅에서 인상적인 실적을 쌓아온 젊은 임원이었습니다. GLOBE 성공 이후, 브라베크 회장은 네슬레가 2년 연속 약 6% 유기적 성장을 달성하는 데 GLOBE가 기여했다고 평가하며, 존슨을 정보시스템, 물류, GLOBE를 총괄하는 수석 부사장으로 승진시켰습니다.

그는 CNN과의 인터뷰에서 이렇게 말했습니다. "내가 그에게 줄 수 있는 최고의 승진은, 그가 이 프로젝트에서 이룬 성과에 대한 공식적 '인정'입니다."[14]

월요일 아침의 실천 과제:
성과를 가속화하기

청사진을 중심으로 조직을 정비하십시오.

핵심 과제에 맞는 인재를 배치하십시오.

각 활동을 책임지는 '오너'를 지정하십시오.

프로그램 추진실 같은 프로그램 관리 도구를 도입하십시오.

진짜 중요한 것을 모니터링하십시오.

- 운영 지표
- 이익이 아닌 현금흐름
- 소수의 핵심 지표

재무 성과가 나오기 전에 선행 지표로 앞서가십시오.

원하는 행동을 하도록 보상하되, 그 보상이 동기부여가 되고 조직 목표와 일치하도록 설계하십시오.

4. 인재를 활용하기

최고의 사모펀드 운용사들은 어떻게 그렇게 눈에 띄는 수익을 낼까요? 해답의 중요한 일부는 인재를 활용하는 능력에 있습니다. 앞서 말했듯, 이는 지휘 체계 전반의 인재를 뜻하지만, 특히 핵심 과제의 일선 현장에서 더 빛을 발합니다. 동시에 성과와 보상의 연계가 핵심이며, 여기서 더 깊이 다루겠습니다.

여기에는 이사회의 구축과 활용도 포함됩니다. 사모펀드 소유주들은 포트폴리오 기업의 이사회에 넉넉한 재량을 부여합니다. 제대로 구성된 이사회는 자신의 강점을 발휘해 기업 성공에 결정적 역할을 수행합니다.

사모펀드 운용사의 인재 활용 전략

사모펀드 운용사들은 성과에 대한 집요한 집착을 놓지 않습니다. 이는 냉혹하거나 비인간적이어서가 아니라, 3~5년의 투자 기간이 여러 번의 시행착오를 허락하지 않기 때문입니다. 이들은 무엇이 필요한지, 지금 무엇을 보유하고 있는지, 어디에 공백이 있는지를 체계적으로 점검합니다. 성과 목표가 미달일 때 눈감아주는 여지는 거의 없습니다. 팀의 안정을 흔들지 않고 인력을 바꾸는 일은 늘 어렵지만, 과감한 결단을 내립니다. 성과가 부족하거나 과제를 감당하기에 역량이 모자라다고 판단되면 고위 경영진을 신속히 교체합니다.

그렇다면 이들은 어디서 적합한 경영진을 찾을까요? 개인 인맥을 넘어 폭넓은 탐색을 실시합니다. 그리고 역량과 경력만큼이나 주도적 책임감을 엄격히 봅니다. 풍부한 경험에 더해 성공에 대한 갈증이 크고, 자신의 재무적 이해를 기꺼이 위험에 노출하며, 기업 변신의 도전을 즐기는 경영자를 선호합니다.

피인수 기업의 현직 CEO가 계속 회사를 이끌기에 적합하다고 보는 경우도 있습니다. 회사가 대체로 올바른 궤도에 있고, 성과의 질만 끌어올리면 되는 상황이 이에 해당합니다. 이런 경우에는 사모펀드가 기존 CEO와 협력하는 방식을 택합니다. 반대로 경영 정상화가 필요한 경우, 기존 경영진의 일부는 성공에 필요한 역량이나 의지가 부족하다고 판단되는 일이 흔합니다.

상대적으로 전통에 묶인 유럽에서도, 사모펀드들은 과거의 내부경영자 인수MBO 관행에서 벗어나는 중입니다. 우리가 살핀 유럽의 대표적 운용사 둘은 포트폴리오 기업의 CEO를 포함해 고위 경영진의 절반 이상을 교체했습니다.

좋은 회사 만들기

외부 영입 시 이들은 추진력과 조직을 이끄는 역량을 함께 봅니다. 예컨대 특정 기능의 '달인'을 낙하산으로 꽂기보다, 팀 빌딩이 능하고, 신속한 가치 창출의 중요성을 이해하며, 야심찬 목표를 달성해 본 경험을 중시합니다. VNU 그룹의 데이비드 캘훈, 현재 사모펀드 소유의 퍼스트데이터First Data에서 활동한 마이클 카펠라스를 떠올리면 됩니다. 이런 종합형 인재에게는 필요에 따라 다른 임원과 전문 자문단을 붙여 목표 달성을 지원합니다. 실제로 서버러스 PE는 자동차 경력은 짧지만 강력한 추진력으로 검증된 밥 나델리Bob Nardelli를 크라이슬러 CEO로 앉힌 뒤, 곧바로 자동차 베테랑들을 보강했습니다. 토요타 북미사업을 성공적으로 이끈 짐 프레스Jim Press를 영업, 마케팅, 제품전략 총괄로, GM의 중국사업을 성공시킨 필 머토Phil Murtaugh를 아시아 총괄로 영입했고, 톰 라소다Tom LaSorda를 부회장 겸 사장으로 유임했습니다.

인재를 영입했다면 다음 과제는 올바른 방향으

로 동기부여하는 일입니다. 사모펀드 운용사가 최고 경영진급 인재를 끌어들이는 가장 중요한 방식은, 투자 기간 동안 목표를 달성할 때 함께 성장하는 지분을 그들에게 제공하는 것입니다. 다시 말해, 경영진은 회사 지분의 5~10%를 인수 시점부터 확보하고, 추가로 20%를 더 얻을 수 있는 기회를 부여받아, 통상 3~5년의 투자 기간 종료 시점에는 회사 전체 가치의 4분의 1 이상을 보유할 수 있습니다.

이는 급여와 보너스를 합친 것보다 더 강력한 동기가 될 수 있으며, 경우에 따라 수십 명이 보상 범위에 들어갑니다. 공통분모는 하나, 보상은 일관되게 성과에 밀접 연계됩니다.

이러한 목표를 달성하려면 분명히 노력이 필요하지만 그렇다고 마법이 필요한 일은 아닙니다. 기존 최고경영진에 이미 탁월한 인재가 있을 수 있고, 한두 단계 아래 직급에도 강력한 잠재 인재가 숨어 있는 경우도 많습니다. 실사 과정에서 조직 내의 인

좋은 회사 만들기

재를 점검하는 이유이기도 합니다. 명확한 인센티브가 도입되면 이들이 전면에 나서는 경향이 큽니다. 사모펀드는 이런 야심 있는 내부 인재를 최대한 활용하고, 부족하면 외부 인재로 보완합니다. 새로운 청사진이 기존 운영방식과 다를 수 있기에, 기술, 배짱, 추진력을 갖춘 사람이 누구인지가 관건입니다.

또한 사모펀드는 인재 유지에도 신경 씁니다. 이는 그 인재가 인수된 기업에서 퇴사하더라도 마찬가지입니다. 운용사 내부로 재흡수하거나 새 포트폴리오 기업의 경영진, 이사회로 배치해 관계를 이어갑니다. A 회사를 잘 이끈 경영자는 새로 인수한 B 회사에서 핵심 직책을 맡을 수도 있습니다. 산업을 바꾸는 것만으로도 고위 경영진들에게는 성과 추구의 짜릿함을 다시 불러일으키기에 충분합니다.

대표 사례: 컨버스(Converse)

성공에 굶주린 경영진을 찾기 위해 업계 밖으로 눈을 돌리는 것은 흔한 관행입니다. 2001년, 페르세우스^Perseus LLC와 인피니티^Infinity Associates는 법원 절차를 통해 파산 상태였던 스니커즈 제조업체 컨버스를 1억 1,700만 달러에 인수했습니다. 곧바로 잭 보이스^Jack Boys를 영입했는데, 그는 노스페이스^The North Face를 아웃도어 대표 브랜드로 일으킨 주역입니다. 보이스는 노스페이스 시절 함께했던 과거 동료들과 함께 미국 내 제조를 중단하고, 노스페이스 시절의 중국 네트워크를 활용해 고품질 공급업체와 디자이너를 발굴했습니다.

컨버스는 극적인 반전에 성공했고, 매출이 급증했습니다. 2년 후 나이키가 3억 500만 달러에 컨버스를 인수했고, 페르세우스는 자기자본 투자 대비 6배의 수익을 거뒀습니다. 나이키는 이 반전의 핵심 공로를 보이스에게 돌렸고, 그는 인수 후에도

CEO로 잔류했습니다.

이 사례는 사모펀드가 네트워크로 유능한 경영 진과의 접점을 유지하다가 기회가 오면 즉시 투입 하는 방식을 잘 보여줍니다. 페르세우스는 보이스 와 그의 팀을 이미 알고 있었고, 과거 노스페이스에 서 함께 일한 경험도 있었습니다. 또한 이는 잠재력 은 컸지만 실행 인재가 없던 브랜드가 올바른 리더 십을 만나며 가치를 되찾은 전형적 사례입니다. 필 요한 인재를 공급할 수 있는 인수자가 아니었다면, 컨 버스 그 자체로는 큰 가치를 지니지 못했을 겁니다.

PE 포트폴리오 기업과 이사회

적합한 최고경영진을 발굴, 확보, 동기부여하 는 것과 함께, 사모펀드는 이사회 구성과 기여에도 주의를 기울입니다. 최고의 운용사들은 예외 없이 가치 창출형 이사회를 지향합니다. 의미는 두 가지입니다.

첫째, 이사회 구성원들은 기업 운영에서 경영진에게 상당한 가치를 제공할 수 있는 역량을 갖추고 있습니다. 이들은 능동적이고 재능 있는 참여자들입니다.

둘째, 그 연장선으로 기업의 운영과 지배구조에서 효율성을 확보합니다. 불필요한 절차와 정치적 요소를 최소화하고, 실행을 극대화합니다.

예를 들어, 사모펀드가 보유한 기업의 CEO가 상당한 규모의 투자를 제안한다고 가정해 봅시다. 이사회는 아마도 이 제안이 최대 잠재력 가정과 청사진에 부합하는지 따지는 것을 자신의 역할로 간주할 겁니다. 이사회에는 관련 제품, 시장, 산업 경험을 가진 인사가 다수 포함되므로 논의는 사실과 지식 기반으로 간결하고 집중적으로 이루어집니다.

이 논의는 회의실에서 끝나지 않습니다. 사모펀드의 포트폴리오인 환경에서 CEO는 이사들과 지속적으로 소통합니다. 목적은 정치가 아니라 실행지향적 조언입니다. CEO의 시간은 이사들을 '설득'하는 데 쓰이기보다, 전문성을 끌어오는 데 쓰입니다. 운용사의 규모와 전문성에 따라 CEO가 활용할 전문가 자문단도 넓어집니다. GE의 전 CEO 잭웰치가 클레이튼, 더빌리에 & 라이스Clayton, Dubilier & Rice에 조언하는 식입니다. 이들은 정식으로 이사회에 들어가 검토에 참여하기도, 원포인트로 돕기도 합니다.

핵심은 모두가 같은 목표를 공유한다는 점입니다. 물론 사모펀드가 통상 의결권 지분의 절반 이상을 통제한다는 점, 사모펀드 외의 이사도 실질 지분을 보유하는 경우가 대부분이라는 점도 긍정적입니다. 동일한 인센티브를 갖고, 한 방향을 보도록 설계되어 있습니다.

기업 내 인재 활용하기

우선 내부 인재를 살피고, 그다음 외부 인재를 검토하십시오. 내부 인재 평가 시 암묵적 가정을 의심하는 습관이 필요합니다. 내부 인재를 평가할 때는, 스스로도 무의식적으로 전제하고 있는 가정을 철저히 파악하고 검토하려고 노력해야 합니다. 예를 들어, 때때로 고위 임원들은 자신들의 주니어 직원들이 "집단 속에 숨어 있으려 한다"고 가정합니다. 다시 말해, 이들이 자신이 실질적으로 손익을 통제하는 사업부의 성과보다는, 회사 전체 성과를 기준으로 보상받기를 선호할 것이라고 전제하는 경우가 있습니다.

내부 인재를 과소평가하지 마십시오. 조직에는 최대 잠재력 가정과 청사진 실행에서 개인 보상과 연결되길 바라는 기업가적 인재가 분명 있습니다. 이들을 찾아 환경을 깔아 주고, 성과를 내면 명확히 보상해야 합니다.

경험상, 특히 위기 속 CEO는 급여 대장에 오른 인재를 문제의 일부로만 보고 해결의 실마리로 보지 않는 경향이 있습니다. 선별 안목은 필요하지만, 이미 조직 안에 숨어 있는 탁월한 인재를 수용할 준비도 해야 합니다. 그는 회사가 투자해 온 사람이고, 외부인보다 상황 이해가 깊으며, 회사를 새 방향으로 돌릴 준비가 되어 있을 수 있습니다. 앞서 강조한 잠재적 동맹자 목록을 지금 활용할 때입니다.

그럼에도 외부 영입이 필요할 수 있습니다. 이 지점에서 사모펀드와의 인재 경쟁은 쉽지 않습니다. 인재는 투자와 마찬가지로 위험 대비 보상이 좋은 곳을 향합니다. 투자자는 포트폴리오를 분산할 수 있지만, 사람은 직업 하나에 베팅합니다. 따라서 위험 대비 보상 곡선 위에 놓인 기회(예컨대, 최고의 사모펀드 운용사 및 그들의 포트폴리오 기업에서의 직책)는 유능한 인재를 불균형하게 끌어들이는 경향이 있습니다.

그렇다면 이런 인재 시장의 매커니즘을 극복하고 좋은 인재를 끌어들이기 위해서는 어떻게 해야 할까요?

첫째, 앞서 말했듯 재무 보상이 인재가 감수할 위험 수준에 부합해야 합니다. 이는 무슨 뜻일까요? 이는 곧 필요한 역량에 대해 시장가에 가까운 보수를 지급해야 한다는 의미입니다. 전통적인 급여 등급 체계나 낡은 위계에 얽매이지 마십시오. 인재들이 선택할 수 있는 대안적 기회에 대한 시장 상황을 파악하고, 여러분의 보상 패키지가 경쟁력을 갖추도록 하십시오.

둘째, 비재무 보상을 적극 설계하십시오. 보상 패키지 안에 조건부 보상을 포함시킬 방법을 찾아야 합니다. 그 조건부 보상이 충분히 크고 목표가 야심차면서도 현실적이라면, 전혀 미안해할 필요가 없습니다. 직설적으로 말해, 보장된 것보다 기회에 더 큰 흥미를 가지는 인재를 찾아야 합니다. 이를 위해서는 발 빠르게 움직이고, 새로운 방식을 고안하며, 흐름을 가르는 리듬이 필요합니다. 상위 기업들이 쓰는 효과적 방법은 다음과 같습니다.

- 팬텀 지분(phantom equity) 같은 주식연계 보상을 검토하십시오. 가상 지분 보장제라고도 불리는 이 방법은 실제 지분을 주지 않으면서도 주가 상승분을 현금이나 주식으로 보상하는 장치입니다.
- 아직 '평생 직장' 프레임에 덜 물든 초기 커리어 인재를 찾으십시오.
- 낮은 보수의 산업에 있으면서 자신의 가치를 충분히 인지하지 못했지만, 성장 기업과 함께할 기회를 기꺼이 잡을 인재를 공략하십시오. 특별한 책임을 부여하고 강한 지원을 붙여 성공 확률을 높이십시오. 그리고 실제 성과가 나면 사모펀드 운용사가 성과를 거둔 인재를 대하듯, 파격적인 수

준의 관대함으로 보상하십시오.

　상장사에서 이사회의 역할은 책 한 권 분량의 주제입니다. 엔론Enron, 월드컴WorldCom, 아델피아Adelphia, 파르말라트Parmalat, 아홀트Ahold 등의 각종 회계 부정 사태 이후, 사베인스-옥슬리법, 힉스 보고서 등 각종 지배구조 규제가 도입되며 이사회는 더 회의적, 더 독립적이 되고 있습니다. 전반적으로 CEO의 영향력에서 벗어나야 하며, 필요하면 CEO 해임 준비까지 갖춰야 합니다. 보상, 감사, 주주 이익 보호 전반에 대해 훨씬 더 엄격해야 합니다.

　우리 고객 중 한 명은, 스스로 '재앙'이라 평가했던 이사회를 3년에 걸쳐 교체했습니다. 기여하지 않는 이사를 내보내고 효과적인 인사로 대체했습니다.

　비슷한 문제를 겪는다면 유사한 전환을 고민하십시오. 물론 공식적인 규정은 반드시 지켜야 합니다.

다만 비공식 관행을 벗어나 보십시오. 여러분과 같은 시각의 사람만 영입하려 하지 말고, 사업, 산업, 혹은 현재 사업에 영향을 줄 수 있는 떠오르는 트렌드의 진짜 전문가를 데려오십시오. 소위원회를 꾸려 핵심 과제에 집중시키고, 필요하면 외부 자원으로 보강하십시오. 청사진의 핵심을 이해하는 내부 자원도 준비하십시오. 이사회가 중요한 질문을 더 일찍 던지도록 유도하면 이후 의사결정이 더 효율적입니다. 마지막으로, 이사회 구성원들에게 현재의 복잡한 회사 상황에 대해 여러분이 아는 만큼 최대한 자세히 교육하십시오. 그들이 중대한 의사결정을 내리거나 승인하려 한다면, 반드시 여러분의 사고방식과 보조를 맞추어야 합니다. 이 메모도 그들과 공유하십시오. 나아가 사모펀드 운용사의 경영 원칙을 이해하고, 유사한 도구와 기법을 적용해 회사 가치를 높일 방법을 모색할 수 있도록 돕는 자료라면 무엇이든 함께 공유하십시오.

이사회와 함께 실적 전망에 대한 논의도 시작

하십시오. 우리는 이 단기 실적 예상 게임에 뛰어들 것인가, 아니면 말 것인가부터 정해야 합니다.

2001년 제임스 킬츠James Kilts가 질레트Gillette의 CEO가 되었을 때, 회사는 14분기 연속으로 실적 전망을 달성하지 못했고, 주가도 타격을 받았습니다. 그는 이사회와 함께 중기 관점으로 목표를 돌리고, 가이던스 발표를 중단했으며, 월가의 반발을 감수했습니다. 그리고 2년 후, 비용 절감과 점유율 상승으로 잉여현금흐름이 두 배 늘었고, 월가는 납득했습니다. 킬츠가 이사회를 전략적 중기 관점으로 사고하도록 바꿔놓지 않았다면 불가능했을 일입니다.

물론 미국 이외의 국가에서는 조금 다릅니다. 일본, 한국은 이사회가 실무 경험의 집합으로, 때로 공로직 성격이 강합니다. 독일은 노동 세력과 주요 주주의 연합체 성격이 강하고, 전략 수립에는 덜 관여합니다. 세계 곳곳의 모델은 사모펀드식 모델과 상당히 달라 조화를 이루기 쉽지 않습니다.

　　　　　좋은 회사 만들기

언제나 그렇듯이, 쉬운 해답은 없습니다. 이사회 구성원들이 치열한 경쟁 환경을 직시하도록 할 방안을 지속적으로 모색하십시오. 경쟁 환경은 지금도 그렇지만, 앞으로도 반드시 모든 기업이 공통적으로 다루어야 할 주제입니다. 또한 전 세계를 휩쓸고 있는 사모펀드 현상에 대해 그들이 깊이 고민하도록 장려하십시오.

요약: 인재를 활용하기

성과 중심 인재를 확보, 유지, 동기부여하십시오.

핵심 인재와 지분을 공유하십시오.

대담함과 성과에 보상하십시오.

실제 성과와 지분을 연계하는 창의적 보상 도

구를 설계하십시오.

진짜 전문가로 구성된 가치 창출형 이사회를
꾸리십시오.

이사회를 결단력 있고 효율적으로 운영하십
시오.

- 핵심 과제 소위원회를 구성하십시오.
- 중요한 질문을 빨리 하도록 유도하십
  시오.

　　　　　　　　　좋은 회사 만들기

5. 자본을 최대한 일하게 하기

거의 모든 기업은 성장을 위해 자본이 필요합니다. 그렇다면 최고의 사모펀드 운용사들은 자본을 어떻게 바라보고, 여러분들은 그 관점에서 무엇을 배울 수 있을까요? 간단히 말해, 사모펀드들은 차입을 '상대적으로 저렴한 조달 수단'으로 적극 활용합니다. 성장을 위해 100달러가 필요하다면 보통 부채 70달러, 자기자본 30달러로 조달합니다. 이후에는 현금 창출에 집중하여, 그 현금을 (1) 부채 상환 또는 (2) 생산적 재투자에 씁니다. 이 말은 곧 사모펀드와 그 포트폴리오 기업이 운전자본, 자본적 지출,

고정자산 등 자본 항목을 촘촘히 관리해 기업이 최대한 효율적으로 돌아가도록 만든다는 뜻입니다. 즉, 자본을 땀나게 일하게 하는 것make equity sweat입니다. 그래서 그들은 대차대조표를 깊게 들여다봅니다.

대부분의 전통적 기업들은 오히려 정반대 접근 방식을 취합니다. 미국 상장사는 평균 부채 40%, 유럽 기업은 35% 수준입니다. 많은 기업이 자본적 지출을 현금이나 자기자본으로 충당합니다. "내부 자금이면 저렴하다"는 논리로 투자 기준을 느슨하게 잡습니다. 또한 "부채 억제가 상환 부담을 줄이고 선택지를 넓힌다"는 이유로 레버리지를 최소화합니다. 물론 이들도 효율과 경제성을 지향하지만, 그렇다고 가지고 있는 소규모 부채를 갚기 위해 자원을 마지막 한 푼까지 쥐어짜도록 강요하지는 않습니다. 그래서 대차대조표는 형식적으로, 손익계산서는 세심하게 보는 경향이 생깁니다.

자금 조달과 배분을 어떻게 관리하느냐는, 사

모펀드 소유 기업과 전통적 기업 간 가장 선명한 차이가 드러나는 영역입니다. 이 영역은 경영자에게 상당한 재량을 주지만, 사모펀드의 방식을 따르려면 보수적 이해관계자들을 설득해야 할 때가 많습니다. 이 점을 염두에 두고, 이제 '자본을 최대한 일하게 하기'를 더 깊이 들여다보겠습니다.

사모펀드 운용사가
현금을 중시하는 이유

사모펀드는 대차대조표를 정적인 성과표가 아니라, 성장을 위한 동적 도구로 봅니다. 이 접근의 핵심은 운전자본을 줄이고 촘촘히 관리하는 것입니다. 교과서적인 얘기처럼 들리지만, 사모펀드 환경에서는 운전자본 축소가 가치 창출 공식의 필수 요소가 됩니다.

레버리지를 활용하는 기업에서는 현금 관리

가 이익 관리보다 항상 우선합니다. 왜일까요? 단순 예시로 설명해 보겠습니다. 사모펀드는 현금창출력의 대표 지표로 EBITDA를 쓰되, 그 아래의 현금 유출 항목을 꼼꼼히 봅니다. EBITDA가 125달러라면, 실제 현금창출력을 보려면 세 가지를 빼야 합니다. 첫째, 부채 상환액(원금과 이자), 둘째, 계획된 매출 성장에 필요한 운전자본(매출 성장액 × 운전자본 비율), 셋째, 운영과 성장을 위한 자본적 지출입니다.

가령, 연간 부채 상환액이 50달러, 매출 대비 운전자본 비율이 30%, 내년 매출 성장 목표가 100달러, 자본적 지출이 10달러라고 가정해 봅시다. 총 현금 유출은 50 + 30 + 10 = 90달러가 됩니다. 전년도 EBITDA 125달러에서 90달러를 빼면 실제 현금창출액은 35달러입니다. 그리고 현금흐름은 시장, 고객, 경쟁 변화에 따라 수시로 달라지므로 정기 점검이 필수입니다.

이 세 가지 차감 항목, 부채 상환, 매출 성장에 따라 필요한 운전자본, 자본적 지출 중 가까운 시

 좋은 회사 만들기

일 내에 적극적으로 관리할 수 있는 것은 운전자본 뿐입니다. (부채는 비교적 고정, 자본적 지출은 유지보수 와 성장 투자로 구성됩니다. 성장 투자 얘기는 뒤에서 더 다 룹니다.) 예를 들어 신규 매출 대비 운전자본 비율을 30%에서 20%로 줄일 수 있다면 10달러 현금을 절 약해, 기업의 실제 현금창출액은 35달러에서 45달 러로 늘어나게 됩니다. 현금 창출이 30%나 증가하 는 것입니다.

레버리지를 활용하는 상황에서는 현금이 절대 적cash is king입니다. 유능한 경영자는 자본적 지출의 효율을 극대화해 현금 필요액을 최소화합니다. 산 업별 차이가 있더라도 원칙은 같습니다. 대부분의 사모펀드는 자본 프로젝트에 이렇게 묻습니다. "내 가 여기에 1달러를 투입한다면, 3달러를 돌려받을 수 있는가?" 다시 말해, 그들은 자본적 지출에도 회 사에 최초 투자할 때 적용했던 원칙을 엄격히 적용 합니다.

또한 유능한 경영자는 대차대조표의 유형자산

을 더 열심히 일하게 만듭니다. 고정자산을 자금조달 수단으로 전환하는 방법을 찾고, 설비를 매각하거나 안쓰는 시설을 폐쇄해 비생산 자본을 제거하며, 부진한 사업부를 매각해 회수한 자본을 생산적 용도에 재배치합니다.

두 가지 간단한 사례:
펀치 태번스 그룹과 뮐러 워터 프로덕츠

사모펀드 운용사들이 기업을 인수한 뒤 자본을 최대한 일하게 하기에 나선 두 가지 사례를 간단히 살펴보겠습니다.

첫 번째 사례는 TPG입니다. TPG는 1999년 영국 내 1,470개 펍pub 체인을 보유한 펀치 태번스 그룹Punch Taverns Group을 인수했습니다.[15] 몇 달 뒤, TPG와 펀치는 얼라이드 도멕Allied Domecq이 보유한 3,500개 펍을 인수하려는 대담한 시도를 했습니다.

이 과정에서 그들은 훨씬 더 큰 인수 희망자인 휘트브레드Whitbread와 맞붙었고, 결과적으로 치열한 입찰 경쟁 끝에 승리했습니다. 이는 펀치의 대차대조표를 활용해 인수 자금 조달 비용을 낮춘 전략 덕분이었습니다.

TPG의 자금 조달은 16억 파운드 규모의 브리지론(단기 인수금융)으로 시작되었으며, 이후 새로 인수한 펍 자산을 유동화하여 이를 재조달했습니다. 펍 수익이 안정적이고 예측 가능하다는 특성 덕분에, 펀치는 현금흐름의 중요한 원천인 부동산 임대료를 분리해 내 이를 투자자들에게 판매 가능한 부동산 투자 증권으로 패키징할 수 있었습니다. 이 담보부 채권 발행은 투자자뿐 아니라 매도자에게도 매력적인 상품이 되었습니다.

이와 같은 혁신적인 대차대조표 활용은 더 효율적인 자본 구조를 달성하게 했고, 연간 약 3,000만 파운드의 이자 비용을 절감했습니다. 여기에 집중적인 운영 개선을 더한 결과, 수년간 매출이 정체

되거나 하락세를 보였던 사업을 다시 성장시킬 수 있었습니다. 실제로 업계 전체가 성숙기에 접어든 상황에서도 펀치의 펍 매출은 연간 7% 이상 성장하기 시작했습니다.

두 번째는 DLJ 투자금융(DLJ Merchant Banking, Credit Suisse First Boston의 사모펀드 부문)으로 1999년, 소화전, 고압 밸브, 배관 부속품의 전통적 제조업체인 밀러 워터 프로덕츠Mueller Water Products를 타이코Tyco로부터 9억 3,800만 달러에 인수했습니다. 이 중 자기자본은 단 2억 3,100만 달러에 불과했습니다. DLJ는 경쟁력이 떨어지는 주조공장을 폐쇄하고 더 효율적인 제조 방식을 도입하면서 추가로 인수 자금을 확보했습니다. 매출액은 2001년 8억 6,500만 달러에서 2004년 10억 달러로 끌어올렸습니다. 2005년 중반, 월터 인더스트리스Walter Industries가 밀러를 약 20억 달러에 인수하기로 합의하면서, 사모펀드 소유주는 약 6년 만에 자기자본의 5배에 가까운 수익을 거뒀습니다.

자본을 최대한 일하게 하는 것이
의미하는 바

사모펀드식 조달을 고려할 때 첫 질문은 "우리가 감내할 수 있는 부채 수준은 어디까지인가?" 입니다. 이는 잠재적 인수 등 다양한 사업 수요를 충족하기 위해 반드시 보유해야 할 현금 규모를 말합니다. 상장사는 사모펀드처럼 모펀드에 기대어 현금을 수혈할 수 없으니, 더 신중해야 합니다. 부채는 상대적으로 저렴한 조달 수단이지만, 그 효과는 매출채권, 재고자산, 매입채무 등 운전자본을 조이고, 자본적 지출을 절제하고, 고정자산을 적극 활용할 때 비로소 제대로 나타납니다.

또 하나, 현금 창출이 어디서부터 시작되는지 숫자로 명확히 파악하십시오. 최근 한 CEO와 현금 관리에 관해 흥미로운 대화를 나눈 적이 있습니다.

그에게 대출 원금 상환액과 이자 비용이 총 얼마에 달하는지를 물었습니다. (여기 제시된 수치는 비

율상 정확하지만, 실제 수치는 보안을 위해 변형된 것입
니다.)

"부채 상환액은 총 5천만 달러입니다."

"내년 매출의 성장 목표는요?"

"1억 달러입니다."

"운전자본이 매출의 40%라고 하셨죠? 1억 달
러 매출을 더 올리려면 4천만 달러의 운전자본이
더 필요하겠군요. 자본적 지출은요?"

"1천만 달러입니다."

"그렇다면 부채 상환에 5천만 달러, 매출 성장
에 따른 운전자본 4천만 달러, 자본적 지출에 1천만
달러, 총 1억 달러가 필요하네요. EBITDA가 1억
달러를 넘어야 현금이 플러스로 전환됩니다."

그는 회사의 재무 구조가 주는 시사점에 다소
놀랐지만, 결국 손익계산서 상단이 아닌 하단 항목
까지 봐야 현금창출을 예측할 수 있음을 수긍했습

 좋은 회사 만들기

니다. 다시 한번 강조하지만, 현금이 곧 왕입니다.
그는 이후 운전자본을 4천만 달러에서 2천 5백만
달러로 낮출 방법을 찾아냈습니다. EBITDA 손익
분기점을 15% 낮춘 거죠.

이것이 바로 레버리지 환경의 현실입니다. 예
측하기 어려운 유동성 사이클 변동을 감안하면, 더
보수적으로 접근하라는 목소리를 많이 듣게 될 것
입니다. "본사가 사업부를 과도하게 조인다"는 볼
멘소리도 나올 겁니다. 하지만 이 말들은 그저 하나
의 관점일 뿐입니다. 우리가 더 집중해야 할 관점은
"이 방식이야말로 경쟁 속에서 회사를 지키는 길"입
니다. 다른 기업들, 사모펀드 운용사와 다른 적극적
투자자들이 투자한 기업들과의 경쟁은 이미 진행
중입니다. 자본 활용이 느슨하다면, 다른 경쟁자들
이 여러분의 시장을 송두리째 빼앗아 갈 것입니다.

이제 여러분의 회사가 자본적 지출을 어떻게
다루는지 생각해봅시다. 많은 기업들이 자신들은

엄격한 자본 예산 편성 절차를 거친다고 여기지만, 실제로는 겉보기만큼 엄격하지 않습니다. 많은 자본 계획이 프로젝트별로 빠르고 놀라운 수익 회수를 예측하지만, 실제로 대차대조표와 현금흐름을 보면 상당수 프로젝트는 예측된 시점보다 한참 뒤에야 수익을 내기 시작합니다. 어떤 프로젝트는 아예 수익을 내지 못하기도 합니다. 깊이 들여다보면 더 심각합니다. 심지어 우수한 기업들조차 자본적 지출의 다섯 건 중 한 건은 아무런 수익도 내지 못한 채 끝납니다.

앞서 설명한 것보다도 훨씬 더 느슨하게 운영되는 기업들도 있습니다. 이들은 자본 예산을 사실상 사업 운영의 일반 비용 정도로 여깁니다. 유지 보수에서부터 성장을 위한 투자 자본까지 온갖 항목이 이런 느슨한 범주에 한데 묶여 들어갑니다. 매출이 10% 증가하면 자본 예산도 대략 10% 늘어난다고 가정합니다. 그렇게 예산에 편성되고, 놀랍지 않게 결국 다 쓰이고 맙니다.

                                    좋은 회사 만들기

핵심은 최대 잠재력 가정과 청사진에 기반해 시간 전체를 보는 자본배분입니다.

예를 들어, 10억 달러 규모의 회사를 인수하면서 3억 달러의 지분을 투입했다고 가정합시다. 이 투자는 당연히 최대 잠재력 가정을 바탕으로 했을 겁니다. 이후 5년 동안 사업 규모를 두 배로 늘려 20억 달러로 성장시켰습니다. 하지만 추가로 얼마의 자본을 투자했을까요? 예를 들어 3억 달러가 더 들었다고 가정해 보겠습니다. 두 번째 3억 달러도 첫 번째 3억 달러를 보유했을 때와 동일한 수익률 기준으로 보유해야 합니다. 그렇지 않으면 전체 수익률이 희석됩니다. 더 나아가, 신규 투자는 '눈에 띄는 성과 향상'을 목표로 해야 합니다. 즉, 전략적 실사를 다시 점검하고, 그 결과 핵심 과제를 최적화함으로써 전체 성과를 한 단계 더 끌어올리는 방향을 지향해야 합니다.

그리고 개별 투자 성과를 상시 모니터링하십시오. 각 투자마다 상태를 확인할 수 있는 체계를 구축해, 계획 속에 슬그머니 들어간 비현실적 가정을 조기에 포착해야 합니다. 고객으로부터 받는 가격이 예상보다 훨씬 낮지는 않은지, 다른 부분에서 문제가 생기고 있지는 않은지 확인하십시오. 문제가 발견되면, 즉시 개입해야 합니다. 여러분의 투자 중 어느 것도 다섯 중 하나 꼴로 수익을 내지 못한 채 고철더미로 전락하게 해서는 안 됩니다

CEO가 자본적 지출을 관리하는 실질적인 방법 중 하나는 자본 배분 과정에 적극적으로 참여하는 것입니다. 워런 버핏Warren Buffet은 자본 배분 결정이 자신이 내리는 가장 중요한 결정이라고 말합니다. 그는 이렇게 설명합니다. "버크서 해서웨이Berkshire Hathaway의 부회장 찰리 멍거Charles T. Munger와 저는 사실상 두 가지 일만 합니다. 첫째는 뛰어난 경영진을 유치하고 유지하여 다양한 사업을 운영하게 하는 것이고, 둘째는 자본 배분입니다."[16] 버크서 해서웨이는 다른 많은 기업들과 근본적으로 다르지만, 이러한 원칙들은 모든 기업에 적용 가

능한 탁월한 가치를 지닙니다. 마지막으로, 보유한 유형자산을 철저히 점검하고 그것들이 정말로 대차대조표에 남아 있어야 하는지 깊이 고민해야 합니다. 예를 들어, 많은 나라에서 항공사들은 항공기 보유 자산을 매각한 후 재임대하는 방식으로 대차대조표 건전성을 높이고 있습니다. 소매업과 호텔업에서도 부지를 매각하고 시설을 임차하는 방식이 널리 활용되고 있습니다. 또한 성과가 부진하거나 다른 기업에 더 높은 가치를 줄 수 있는 사업 부문은 과감히 매각하는 방안을 고려해야 합니다.

결국 하나의 태도로 귀결됩니다. 자본의 1달러는 모두 귀합니다. 그 1달러에서 최대 수익을 뽑아야 합니다. 레버리지를 얹으면 자본은 더 희소해지고 그래서 더 가치가 생깁니다. 운전자본을 공격적으로 관리하고, 자본예산을 엄격히 다루고, 비생산적인 자산을 현금화하는 이유가 바로 여기에 있습니다.

자본의 1달러가 모두 소중합니다. 자본을 최대
한 일하게 하십시오.

월요일 아침의 실행 과제:
자본을 최대한 일하게 하기

레버리지를 적극 활용하십시오.

부채 상환을 위해 현금 창출에 집중하십시오.

적극적으로 관리하십시오,

- 운전자본
  - 매출채권, 매입채무
  - 재고자산
- 자본적 지출(CapEx)
- 기타 대차대조표 자산

- 비생산적 장비와 시설

- 부진하거나, 타 기업에 더 높은 가치를
줄 수 있는 사업이나 사업부

- 기존에는 고정자산으로만 보던 항목의
자금조달 전환 가능성

자본은 원칙에 따라 투자하십시오,

• 신규 투자 자본도 최초 투자만큼 엄격히
보십시오.

• 부채 조달도 유효한 선택지임을 전제하십
시오.

• 현실적 기대치로 성과를 측정하십시오.

새로운 투자로 '눈에 띄는 성과 향상'을 이루십
시오.

6. 성과 중심의 문화를 정립하기

성과 중심의 문화를 정립한다는 것은, 회사 안에 반복 가능하고 지속 가능한 프로세스를 구축해 성과 개선이 계속 일어나도록 만드는 일입니다. 대부분의 기업은 때때로 어려움에 부딪힙니다. 그러나 지금까지 논의한 다섯 가지 교훈을 철저히 적용하면, 조직 안에 올바른 행동이 뿌리내리게 할 수 있습니다. 시간이 지나면 이러한 행동 자체가 문화로 자리 잡습니다. 여기서 말하는 문화란 막연한 구호가 아닙니다. 현상 유지를 의심하고, 사실을 확인하고, 실행에 나서는 '자기 주도적' 태도가 경영진에서 시작해 조직 전체로 퍼지는 상태를 말합니다.

여러분 회사의 내부 사고방식이 어떤지 우리는 알 수 없습니다. 다만 경험상, 과거에 머문 운영 문화를 가진 기업이 여전히 많습니다. 현재를 제대로 대비하기도 버겁고, 미래는 더더욱 어렵습니다. 오늘의 경영 환경은 사모펀드 운용사와 행동주의 투자자들에 의해 점점 더 큰 영향을 받고 있습니다. 사람들은 성과와 가치 창출을 요구하며, 평균 수준(혹은 그 이하)의 성과를 받아들이지 않습니다.

이러한 사고방식을 세우는 구성요소는 앞선 절들에 이미 담겨 있습니다.

- 최대 잠재력을 정의하기
- 청사진을 수립하기
- 성과를 가속화하기
- 인재를 활용하기
- 자본을 최대한 일하게 하기

이번 장에서는, 귀사의 사고방식을 성과 지향적으로 강하게 전환하는 데 도움이 될 다섯 가지 추가 처방을 제시합니다.

반복 가능한 공식으로 만들기

최근 '학습하는 조직'에 관한 논의가 많았습니다. 최고의 사모펀드 운용사들은 실제로 학습 능력이 뛰어난 조직입니다. 그들은 최대 잠재력 가정을 세우고, 이를 청사진으로 구체화하고, 시험하고, 모니터링하고, 잘못된 점을 파악하고, 재조정하며, 다시 앞으로 나아갑니다. 시간이 지남에 따라 이들 사모펀드 운용사는 사업 차원에서도, 산업 차원에서도 자신들이 하는 일에서 점점 더 능숙해집니다. 그들은 성공적인 공식을 개발하여 기업 내부에서 반복할 수 있고, 기업 외부에서도 재현할 수 있습니다.

반복 가능성을 달성하기 위해 반드시 사모펀드 운용사일 필요는 없습니다. 나이키는 끊임없는 반복 가능성을 비즈니스 모델 안에 구축하고 내재화한 상장 기업의 대표적 사례입니다. 나이키는 원래 '기능성' 농구화 전문 회사로 출발했지만, 시간이 흐르면서 라이프스타일 기업으로 변모했습니다. 이러한 전환의 밑바탕에는 나이키가 청사진을 세울 때 활용했던 매우 구체적이고 반복 가능한 공식이 있었으며, 나이키는 새로운 종목(러닝, 배구, 테니스, 농구, 축구, 골프)으로 진출할 때마다 이 공식을 다시 적용했습니다.

나이키는 먼저 목표 시장에서 운동화 분야의 선도적 위치를 확립합니다. 다음으로 해당 종목 최고의 선수들이 홍보하는 의류 라인을 출시합니다. 예컨대 타이거 우즈Tiger Woods는 1996년 1억 달러 계약을 맺으면서, 나이키가 골프 의류 및 액세서리 시장에서 입지를 확보하는 데 필요한 가시성을 제공했습니다. 새로운 카테고리로 확장하면서, 회사는 새로운 유통 채널을 개척하고 공급업체를 안정적으로 확보할 수 있었습니다. 이후 골프 클럽 사례처럼, 먼저 공, 그 다음 아이언, 이어서 드라이버와 같은 고마진 장비를 시장에 공급하기 시작합니다. 마지막 단계에서 나이키는 미국 시장을 넘어 글로벌 유통으로 나아갑니다. 지속적인 성장을 위해 나이키는 최근 남성 트레이닝, 여성 피트니스, 러닝, 농구, 축구, 스포츠 문화 등 핵심 스포츠 카테고리별로 사업을 재정렬했습니다.

1. 목표 시장에서 신발 1등 포지션을 확보한다.
2. 최고 선수 홍보 의류 라인으로 확장한다.
3. 유통 채널과 공급망을 정비한다.
4. 고마진 장비로 넓힌다.
5. 글로벌 유통으로 확장한다.

적절한 연관 분야를 찾아내고, '새롭지만 연관된' 청사진으로 과감히 뛰어드는 것은 성과 중심적 사고방식의 핵심 요소입니다. 최고의 사모펀드 운용사들은 이를 늘 실행합니다. 하지만 나이키 사례가 보여주듯이, 귀사도 충분히 할 수 있습니다.[17]

책임성을 요구하기

아직 말씀드리지 않은 부분이 있습니다. 사모펀드 소유 기업의 CEO에서 전통적 기업의 CEO로 이동하는, 이른바 '역방향'으로 이동하는 경우입니다. 이들이 이동 초기에, 그러니까 새로운 환경을 파악하기 시작할 때 가장 많이 하는 말이 '아무도 책임지지 않는다'는 것입니다. 물론 최고 경영진이 궁극적 책임을 지는 것 맞습니다. 하지만 기존의 팀이 강할수록 모든 책임성Accountability이 최고 경영진 쪽으로 '위로 떠밀려 올라가는' 경향이 있습니다. 그

불행한 결과는 무엇일까요? 우리는 너무 자주, 주인 없는 핵심 과제나 사업부가 출현하는 것을 목격해 왔습니다. 이런 유형의 조직은 결국 '스스로 상황을 주도하기'보다, '외부 환경에 끌려다니는 결과'로 귀결됩니다.

최고의 사모펀드 투자자들은 이런 상황을 용납하지 않습니다. 고위 경영진은 책임성을 가장 효과적인 수준까지 내려보내야 합니다. 대부분의 경우 그 수준은 바로 여러분이 아닙니다. CEO는 흔히 말하듯 '모든 일을 직접 할 수는 없습니다.' 각 사업부의 총괄 관리자는 성과를 내는 것에 대해 스스로 책임을 지고 있다는 확신을 가져야 합니다. 핵심 과제를 담당하고 청사진 속 실행 항목에 이름이 적혀 있는 사람들 역시 마찬가지로 확실히 책임감을 느껴야 합니다.

'역방향'으로 이동한 CEO들이 발견했듯이, 이러한 유형의 책임성은 일반 기업에서는 덜 일반적입니다. 그러나 이는 단순히 책임성의 필요에 대해

　　　　　　　　좋은 회사 만들기

충분히 강조하지 않았기 때문입니다. 피터 브라베크 회장은 네슬레에서 책임성을 극한까지 밀어붙였습니다. 그는 직급뿐만 아니라 직무기술서까지 없앴고, 직원들에게 "시간의 50%는 해야 할 일을 하는 데 쓰되, 나머지 50%는 더 많은 가치를 어떻게 창출할 수 있는지 나에게 제안하는 데 쓰십시오"라고 말하고 다녔습니다.[18] 이 방식을 회사 전반의 모든 부서와 직급에 걸쳐, 가장 단순한 공장 현장의 업무에까지 적용했습니다. 감독자를 없애고, 작업자들이 스스로 생산량을 모니터링하고 개선 계획을 개발하도록 한 것입니다. 효과가 있었을까요? 지난 10년간 네슬레 직원의 생산성은 거의 20% 상승했고, 매출원가는 52%에서 41%로 떨어졌습니다.

이 접근법은 운영 성과를 개선하겠다는 최대 잠재력 비전과 그에 따라 수립된 청사진에서 출발했습니다. 여기서 주목해야 할 점은, 최대 잠재력 가정과 청사진은 결코 사라지지 않는다는 것입니다. 그것들은 단지 사업의 수명 주기 동안 지속적으로 갱신되고 업데이트될 뿐입니다.

명확히 표현하고 소통하기

CEO의 역할은 리더십을 발휘하는 겁니다. 특히 조직을 변화로 이끌 때, CEO는 다른 모든 이들을 위해 그 변화의 의미를 명확히 해석해주는 중대한 책무를 떠맡게 됩니다. 이 책임은 '겉보기에 좋아 보이는' 시기, 즉 조직이 긴박감을 전혀 느끼지 못할 때, '만족스러운 저성과'에서 '최대 잠재력'으로 조직을 끌어올리겠다고 결심했을 때 더욱 크게 다가옵니다.

사람들은 언제나 계획된 변화보다는, 위기나 재난과 같은 예기치 못한 변화에 더 잘 반응하는 경향이 있습니다. 따라서 CEO의 임무는 지금까지 하던 방식이 더 이상 통하지 않는 이유와, 더 나은 변화를 향한 도전이 모두에게 최선인 이유를 설명하는 것입니다. 경우에 따라 이것은 이미 조직 내부에서 진행되고 있던 여러 활동을 제도화하는 것일 수도 있고, 다른 경우에는 점진적 진화라기보다는 혁명적 변화일 수도 있습니다.

회사에 원칙, 포부, 무형의 목표가 있습니까? 있을 겁니다. 구성원들은 개인적인 목표와 이상을 가지고 있습니까? 물론 있을 겁니다. 여러분의 임무는 왜 바꿔야 하는지를 명확히 하고, 변화를 통해 모두의 목표 달성 가능성이 커진다는 점을 설득하는 것입니다. 이때 회사의 문화와 여러분의 리더십 스타일에 맞는 단어와 말을 사용하되, 단발성 연설로 끝나지 말아야 합니다. 그렇게 집단적으로 움직일 때, 더 많은 일자리와 기회가 창출됩니다. 실제로 가치를 창출하는 사람들에게 더 큰 권한과 재정적 보상이 돌아가게 됩니다. 사람들은 이러한 제안에 막대한 에너지와 열정으로 호응합니다. 분명히 말해, 이것은 단 한 번의 연설로 끝날 일이 아닙니다.

메시지를 반복적으로 전달하기 위한 창의적

도구들은 그 어느 때보다도 많아졌습니다. 뛰어난 CEO들은 최신 기술과 인간적인 접촉을 결합하는 데 능숙해졌습니다. 청사진 핵심 과제들의 진척 상황을 추적하거나 이메일 업데이트를 보내기 위해 전용 인트라넷을 구축하거나, 음성 메시지와 컨퍼런스콜을 통해 직접 설명할 수도 있습니다. 화상회의나 사무실 및 공장에서 열리는 '타운 홀' 방식의 대면 회의를 통해 메시지에 시각적 긴박감과 열정을 담아낼 수도 있습니다. 이 방법들은 최대 잠재력의 비전과 변화의 청사진에 대한 열정을 효과적으로 고취시킬 수 있습니다.

의사 소통 능력이 뛰어난 경영가들은 변화의 비전과 그 이정표들을 가능한 한 많은 내부 구성원들에게 전달하기 위해 새롭고 차별화된 방식을 찾아냅니다. 실제로 그들은 이것을 가장 중요한 임무 중 하나로 여기며, 지치지 않고 그 메시지를 거듭 강조합니다.

뚜렷한 본보기를 세우기

더 이상 기존의 방식대로 운영하지 않는다는 점을 분명히 하기 위해, 여러분이 취할 수 있는 눈에 띄는 조치는 무엇일까요? 오늘 당장 시행할 수 있는 변화 중에서 상징적 가치와 실제적 효과를 동시에 지닌 것은 무엇입니까?

무엇보다 중요한 것은, 리더가 직접 본보기를 세우는 일입니다. 이는 과거 오래된 관행에 갇혀 사업이 정체돼 있던 한 전통 산업의 신임 CEO가 보여준 리더십에서 잘 드러납니다.

그는 부임하자마자 사무실 문을 모두 제거했습니다. '사람들이 서로 만나 반드시 대화하도록 만들기 위해서'였습니다.

정기적으로 열리던 여러 내부 위원회는 모두 폐지했습니다. 대신 논의가 필요할 때마다 즉시 회의를 열었고, 과거처럼 여섯 주마다 하루 종일 이어지던 회의는 짧고 집중적인 회의로 바뀌었습니다.

또한 그는 본사에 머무르지 않고, 주요 공장과 사무실을 수시로 방문했습니다. 전임자가 대부분 본사에서만 일했던 것과는 완전히 다른 방식이었습니다.

이러한 일련의 변화들은 조직 전체에 명확한 신호를 보냈습니다. 이제 이곳은 달라질 것이라는 신호 말입니다. 그리고 실제로 달라졌습니다. 조직 전반의 사람들이 새로운 행동을 알아차리고 그에 맞춰 행동하기 시작했습니다.

기준을 재설정하기

기준을 재설정한다는 것은, 청사진의 경쟁력을 유지하고 회사의 성과 지향성을 한 단계 더 높이라는 단순하지만 강력한 메시지입니다. 현명한 사모펀드 운용사들은 늘 더 높은 성과와 더 나은 결과를 향해, 목표치를 끊임없이 갱신하며 관리합니다.

앞서 언급했듯이, 우리는 종종 사모펀드 운용 사들로부터 그들이 이미 보유한 자산에 대한 새로운 실사를 의뢰받습니다. 그 이유는 두 가지입니다.

첫째, 현재의 청사진이 여전히 타당한지 점검하기 위해서입니다. 이것은 '방어적 접근'이라 할 수 있습니다.

둘째이자 더 중요한 이유는, 더 나은 성과를 낼 수 있는 기회를 놓치고 있지 않은지 확인하기 위해서입니다. 그리고 실제로 이러한 실사 과정에서 새로운 성장 기회가 발견되는 경우가 매우 많습니다.

명심해야 할 점이 있습니다. 목표는 단순히 예산을 맞추는 데 있지 않습니다. 목표는 '최대 잠재력'을 실현하는 것입니다. 이는 전혀 다른 지향점이며, 사고의 기준 자체를 바꾸는 일입니다.

이 과정의 결과는 '리셋reset'이라 부를 수 있습니다. 하지만 이는 단순한 방향 전환이 아니라, 기존 활동을 한층 강화하고 정교화하는 과정입니다.

A에서 B로 바꾸는 것이 아니라, A에서 A+로 나아가는 길을 찾는 일입니다. 그리고 현명한 기업이라면, 그 길이 보이는 순간 주저하지 않고 그 길을 선택해야 합니다.

이에 대해서는 결론 부분에서 다시 강조하겠습니다.

월요일 아침의 실행 과제: 성과 중심의 문화를 정립하기

반복 가능한 공식으로 만드십시오.

책임성을 요구하십시오.

명확히 표현하고 소통하십시오.

뚜렷한 본보기를 세우십시오.

기준을 다시 설정하십시오.

〉 결론

이제 서두에서 언급했던 두 기업, 네슬레와 크라운 캐슬로 다시 돌아가 봅시다. 이 두 기업은 소유 구조와 무관하게 사모펀드의 경영 원칙이 얼마든지 적용될 수 있음을 보여주는, 잘 운영되는 조직의 대표적 사례입니다.

네슬레의 경우, 브라베크 회장이 처음 세운 '최대 잠재력' 가정을 다시 들여다보면, 그가 이미 상당 부분 그 목표에 도달했음을 알 수 있습니다. 그가 2007년 말, 2008년 CEO 승계자를 지명하겠다고 발표하기 이전 시점에 이미 그러했습니다. 한

때 할인된 주가로 거래되던 네슬레의 주가는 프리미엄 주가로 전환되었고, 지난 10년 동안 시가총액을 3.5배 늘려 2천억 스위스프랑을 넘어섰습니다. 2007년 가을까지 네슬레는 총주주수익률(TSR) 목표를 초과 달성하여 350%의 TSR을 기록했습니다.

그렇다면 브라베크 회장이 제시한 네 가지 핵심 과제, 즉 네 가지 '기둥'에서 네슬레는 어떤 성과를 거두었을까요? 앞서 인용한 수치들만으로도 충분히 설명됩니다. 네슬레의 방대한 규모와 복잡한 사업 구조를 고려할 때, 여기서는 몇 가지 핵심적인 성과만 요약하겠습니다.

운영 성과 개선:

네슬레는 초기 3년 만에 30억 달러의 비용 절감에 성공했고, 200개가 넘는 공장을 매각하거나 폐쇄했습니다. 전반적으로 직원 1인당 매출로 환산한 생산성은 1997년부터 2006년까지 약 20% 상승했습니다. 또한 네슬레의 현지 시장 조직 80% 이상에

GLOBE 프로그램이 도입되면서, 브라베크 회장은 네슬레가 경쟁사보다 더 빠른 의사결정과 모범사례 확산을 통해 약 5년의 경쟁 우위를 확보했다고 평가했습니다.

제품 혁신과 개선:

네슬레는 모든 사업 부문에서 제품 포트폴리오를 대대적으로 재편했습니다. 동시에 생수, 반려동물 식품, 아이스크림 등 신규 사업을 구축해 업계의 선두 기업으로 올라섰습니다. R&D를 통해 차별화가 어려운 사업은 과감히 매각했습니다. 이 과정을 통해 네슬레는 연평균 5~6%의 유기적 성장 목표를 달성했고, 수익성도 개선되었습니다.

유통 - 언제나, 어디서나, 어떤 방식으로든:

새로운 유통 모델은 네슬레의 매출 구조를 완전히 바꿔놓았습니다. 과거에는 월마트나 까르푸 같은 대형 유통업체에 크게 의존했지만, 현재 상위 10대 유통

   좋은 회사 만들기

업체를 통한 매출은 전체의 20%에 불과합니다. 예를 들어, 제과 부문만 보더라도 네슬레 매출의 절반이 경기장, 영화관, 노점상 등 비전통적 채널을 통해 발생하고 있습니다.

소비자 커뮤니케이션:

브라베크 회장의 의도대로, 전통적인 TV 광고 비중은 95%에서 약 65%로 줄었고, 그 자리를 양방향 소비자 커뮤니케이션이 메웠습니다. 소비자 참여를 통한 브랜드 구축이 광고 중심 전략을 대체한 것입니다.

기준을 다시 설정하기:

최근 몇 년간 네슬레는 기준을 새롭게 정립하기 시작했습니다. 가장 주목할 변화는 전통적인 제품에 영양학적 가치를 적극 통합하고 있다는 점입니다. 브라베크 회장은 독립된 영양 사업부를 신설해 유아, 아동, 임상, 기능성 영양과 체중 관리 분야를 전담하도록 했습니다. 그는 이 책 전반에서 다뤘던 원칙들을 일관되게 적용하며, 네슬레의 기존 사업과 신사업을 전 세계적으로 성장시키고 있습니다. 이제 네슬레의 비전은 단순히 세계적인 식음료 기업을 넘어, 세계에서 가장 존경받는 '영양, 건강, 웰니스' 기업으로 자리매김하는 것입니다.

크라운 캐슬의 여정도 마찬가지입니다. 1990년대 초, 이 회사는 미국 내에서 1만 1천 개 이상의 타워 포트폴리오를 구축했고, 영국에서는 BBC 방송 송신탑, 호주에서도 일부 타워를 보유하고 있었습니다. 2001년 말, 인수 중심의 성장 단계가 사실상 마무리되자 CEO 존 켈리는 모든 핵심 임원과 회의를 열고, 회사의 중대한 과제를 논의했습니다. 이 자리에서 그는 사업의 '최대 잠재력'을 다시 정의하고, 이를 실현하기 위한 새로운 청사진을 수립하는 작업을 본격화했습니다.

심층 검토와 토론 끝에 경영진은 몇 가지 핵심 결정을 내렸습니다. 우선, 그들은 영국 방송 네트

   좋은 회사 만들기

워크를 매각하기로 하는 어려운 결정을 내렸습니다. 영국 사업은 아날로그 방송 송신망에 기반하고 있어 디지털 전환이라는 기술 변화에 취약했습니다. 반면 미국 타워 사업은 무선 통신사들에게 공간을 임대해 장기적이고 예측 가능한 현금흐름을 창출했으며, 기술 변화의 영향을 훨씬 덜 받았습니다. 따라서 경영진은 영국 사업이 자체적으로는 나쁘지 않지만, 미국 핵심 사업과는 성격이 달라 자원을 분산시키는 결과를 낳을 것이라 판단했습니다. 결국 영국 사업은 크라운 캐슬의 자본을 배분하기 위한 최적의 선택지가 아니었습니다.

이후 크라운 캐슬은 자사 타워의 임대율을 극대화하기 위해, 무선 통신사들이 경쟁사 타워 대신 자사 타워에 추가 안테나를 설치하도록 유도하는 서비스와 패키지를 개발했습니다. 또한, 이를 지원하기 위해 시스템 인프라에 과감히 투자했습니다. 그 결과, 크라운 캐슬은 업계 최초로 타워의 정확한 위치, 설계도, 위성 사진을 포함한 전체 도면을 제공한 회사가 되었으며, 업계 유일하게 타워별 향후 수요를 예측할 수 있는 임대 수요 예측 도구까지 개발했습니다.

2006년, 크라운 캐슬은 사업의 최대 잠재력 접근 방식을 다시 정립했습니다. 비록 시장 환경이 크게 변한 것은 아니었지만, 경영진은 사업 확장의 기회를 포착했습니다. 2007년, 크라운 캐슬은 글로벌 시그널Global Signal 인수를 발표하며 타워 포트폴리오를 거의 두 배로 확대, 2만 4천 개 이상의 타워를 보유하게 되었습니다.

성과는 명확했습니다. 한때 회의론자들이 성공을 의심했던 이 산업에서, 크라운 캐슬의 주가는 2002년 최저 1달러에서 2007년 10월 말 최고 40달러까지 상승했습니다. 같은 기간 회사는 20억 달러 이상을(대부분 차입을 통해) 투입해 발행주식수를 약 30% 줄였습니다. 이는 자사 타워 자산에서 발생하는 현금흐름의 내재 가치를 스스로 확신했기 때문입니다. 이러한 원칙은 최고 수준의 사모펀드 운용사들이 활용하는 접근과 동일했으며, 그 원칙이야말로 크라운 캐슬의 성공을 견인한 핵심이었습니다.

> ## 교훈

사모펀드로부터 CEO가 반드시 배워야 할 교훈은 다음과 같습니다.

최대 잠재력을 정의하기:

목표는 주주가치 증대입니다. 오늘의 1달러 지분가치를 내일 3달러, 4달러, 5달러로 키우는 것입니다. 이를 구체화하는 방법은 전략적 실사이며, 소수의 핵심 과제를 실행해 현금흐름을 성장시키는 것이 그 길입니다.

청사진을 수립하기:

청사진은 최대 잠재력에 도달하기 위한 로드맵입니다.

누가, 무엇을, 언제, 어디서, 어떻게 할지를 명확히 규정하고, 소수의 핵심 과제에 집중해야 합니다.

중요한 것은 측정 가능한 실행에 초점을 맞추는 것입니다.

성과를 가속화하기:

조직을 청사진에 맞게 설계하고, 핵심 과제에 적합한 인재를 배치하며, 구성원이 과제에 주인의식을 갖도록 해야 합니다.

또한, 목표 달성을 위해 도구, 규율, 성과지표를 결합한 엄격한 프로그램을 운용해야 합니다.

인재를 활용하기:

최적의 인센티브 설계로 최고의 인재를 영입, 유지, 동기부여하고, 그들이 오너처럼 사고하고 행동하도록 만드는 것이 중요합니다.

결단력 있고 효율적인 이사회를 구성하는 것 역시 필수적입니다.

자본을 최대한 일하게 하기:

과제는 부채를 활용한 가치 창출 모델LBO economics을 수용하는 것입니다.

운전자본을 적극 관리하고, 자본적 지출을 엄격히 통제하며, 재무제표를 효율적으로 운용해야 합니다.

성과 중심의 문화를 정립하기:

사모펀드의 원칙을 조직문화 속에 심어, 그것이 회사 문화의 일부로 자리 잡게 하고 성과를 달성하는 반복 가능한 공식을 만드는 것입니다.

Notes

1. "The Economic Impact of Private Equity in the UK 2006," BVCA, 2006년 11월, http://www.bvca.co.uk/doc.php?id=549.

2. "U.S. Firm Buys into Shenzen Bank," 인민일보 온라인, 2004년 6월 3일, http://english.people.com.cn/200406/03/ eng20040603_145247.html.

3. 팀 히긴스, "Cerberus to Purchase 80% Chrysler Stake: UAW Chief Supports Deal,", 디트로이트 프리 프레스, 2007년 5월 14일, http://www.freep.com/apps/pbcs.dll/article?AID=/20070514/BUSINESS01/70514006.

4. 스티브 샤우버트, 마크 고트프레드슨, 『The Breakthrough Imperative: How the Best Managers Get Outstanding Results』(뉴욕: 하퍼콜린스)

5. 피터 브라베크-레트마테, 크리스 존슨과의 "Change Artist" 인터뷰, CNN, 2007년 4월.

6. 오릿 가디쉬, 피터 브라베크-레트마테 인터뷰.

2007년 8월 21일.

7. PE 회사의 실사에 대한 보다 포괄적인 목록에는 회계 검토, 법률 검토, 기타 부채(연금, 산업안전보건청(OSHA) 등) 검토가 포함됩니다. 인도와 같은 개발도상국 시장에서는 잔류 가능성이 높은 고위 경영진에 대한 배경 실사도 목록에 포함됩니다.

8. 크리스 비어리, 그레이엄 엘튼, 박철준, "Private Equity's New Path to Profits," 베인 브리프, 2006년 12월 참조.

9. 제프리 컬리넌, 장 마르크 르 루, 롤프 마그누스 베디겐, "When to Walk Away from a Deal," 하버드 비즈니스 리뷰, 2004년 4월 참조.

10. 에릭 대시, "Job-hopping," 뉴욕 타임즈, 2007년 7월 20일 참조.

11. 이 써니, 박철준, "Turbocharging Asian Turnarounds," 하버드 비즈니스 리뷰, 2006년 6월 참조.

12. 폴 로저스, 톰 홀랜드, 댄 하스, "Value Acceleration Lessons from the Private Equity Masters," 하버드 비즈니스 리뷰, 2002년 6월 참조.

13. RAPID에 대한 자세한 내용은 폴 로저스, 마르시아 블렌코, "Who Has the D? How Clear Decision Roles Enhance Organizational Performance," 하버드 비즈니

스 리뷰, 2006년 1월 참조.

14. 피터 브라베크-레트마테, 크리스 존슨과의 "Change Artist" 인터뷰, CNN, 2007년 4월.

15. 폴 로저스, 톰 홀랜드, 댄 하스, "Value Accel- eration Lessons from the Private Equity Masters," 하버드 비즈니스 리뷰, 2002년 6월.

16. 워런 버핏과 로렌스 A. 커닝햄, 『The Essays of Warren Buffet: Lessons for Corporate America』(노스캐롤라이나주 더럼: 캐롤라이나 아카데믹 출판사, 1997)에서 발췌.

17. 크리스 주크의 책, 『Beyond the Core: Expand Your Market Without Abandoning Your Roots』(보스턴: 하버드 비즈니스 스쿨 출판사, 2004)에 자세히 설명되어 있습니다.

18. 피터 브라베크-레트마테, 크리스 존슨과의 "Change Artist" 인터뷰, CNN, 2007년 4월.

저자 소개

오릿 가디쉬(Orit Gadiesh)

오릿 가디쉬는 경영 및 기업 전략 분야의 세계적인 전문가입니다. 베인앤컴퍼니 회장인 가디쉬는 주요 다국적 기업의 CEO 및 고위 임원 수백 명과 함께 전략 개발 및 기업 내 변화 실행에 참여해 왔습니다. 그녀는 북미, 유럽, 아시아 등 다양한 지역에서 고객사와 활발하게 협력하고 있습니다.

포춘지 선정 '비즈니스계에서 가장 영향력 있는 여성'과 포브스지 선정 '세계에서 가장 영향력 있는 여성 100인'에 이름을 올린 가디쉬는 월스트리트 저널, 파이낸셜 타임스, 포브스, 포춘, 파 이스트 이코노믹 리뷰, WEF 글로벌 아젠다, 르 몽드, 하버드 비즈니스 리뷰 등 세계적인 비즈니스 출판물에 자주 강연하고 기고합니다.

베인앤컴퍼니에 합류하기 전 가디쉬는 이스라엘군 부참모총장에서 근무했습니다. 그녀는 남편과 함께 파리와 보스턴에 거주하고 있습니다.

휴 맥아더(Hugh MacArthur)

휴 맥아더는 베인앤컴퍼니의 파트너이자 대체 투자 전문가이며, 베인앤컴퍼니 글로벌 사모펀드 부문 책임자입니다. 그는 사모펀드가 다양한 산업 분야에서 대상 기업에 대한 전략적 실사를 수행하고 포트폴리오 기업의 성과를 개선하는 방법에 대해 자문합니다. 또한 자산군 전략, 지역 확장, 자금 조달 전략, 조직 효율성, 펀드 운영 등의 문제에 대해 사모펀드 자체에 자문을 제공합니다. 맥아더는 베인앤컴퍼니의 최고투자책임자(CIO)로서 사모펀드 거래 투자 포트폴리오를 감독했습니다.

맥아더는 월스트리트 저널, 파이낸셜 타임스, 이코노믹 타임스 오브 인디아, 차이나 데일리, 포브스닷컴, 더 딜, 바이아웃, 런던 비즈니스 스쿨의 비즈니스 스트래티지 리뷰 등 전 세계 간행물에 사모펀드 가치 창출, 인수 후 전략, 업계 현황에 대한 글을 기고했습니다. 그는 아내와 자녀들과 함께 매사추세츠주 웨스턴에 거주하고 있습니다.

기여자

이 책의 연구와 집필에는 베인의 글로벌 사모펀드팀 소속 매니저 캐서린 르미르(Catherine Lemire)와 파트너 크리스 비얼리(Chris Bierly), 그레이엄 엘튼(Graham Elton), 댄 하스(Dan Haas), 박철준(Chul-Joon Park), 스리 라잔(Sri Rajan)이 함께 참여했습니다.

또한 매사추세츠주 밀턴을 기반으로 활동하는 저자이자 작가 제프 크루익생크(Jeff Cruikshank)가 협력 작가로 참여했습니다.

회사를 '좋다'고 말할 때 사람들은 무엇을 떠올릴까? 대규모 순이익, 업종 대비 높은 급여, 세련된 복지, 혹은 이름만 들어도 고개가 끄덕여지는 명성? 어느 순간부터 나는 '좋은 회사'란 단지 결과의 총합이 아니라, 사람과 일, 그리고 가치가 순환하는 하나의 유기적인 시스템이라는 생각을 하게 되었다.

이 책이 제시하는 여섯 가지 원칙은 단순한 경영의 도구가 아니라, 한 조직이 어떻게 스스로의 생명력을 키워갈 수 있는가에 대한 탐구이자, 지침서이다. 기업(법인) 또한 하나의 인격체로 볼 수 있기

에, 위대한 법인을 통해 개인은 어떻게 일해야 하는
가에 대한 이야기로도 치환될 수 있다.

　나는 은행에서 기업대출을 담당하며 기업의 생
로병사를 지켜보고 있다. 어떤 기업은 창업 후 수십
년간 지속적으로 성장하지만, 어떤 기업은 몇 년 만
에 문을 닫는다. 늘 궁금했다. 기업의 생존을 결정
짓는 요인은 무엇일까? 어떻게 경영해야 지속가능
할까? 이 질문에 대한 정답은 아니더라도, 힌트를
찾고자 했다. 그 과정에서 '기업가치 제고의 첨병'으
로 소개되는 사모펀드의 경영 노트를 알게 됐고, 소
개의 기회도 갖게 됐다. 이 책이 우리 경제와 산업
에 조금이나마 도움이 되길 바란다.

　과학자 아이작 뉴턴의 명언은 투자 시장에서도
자주 인용된다. "내가 더 멀리 볼 수 있었다면, 그것
은 거인들의 어깨 위에 서 있었기 때문이다." 국내
에서 오랫동안 번역되지 않았던 이 책을 누군가 번
역해 주길 기다리다, 결국 내가 직접 도전하게 되었
다. 번역 과정에서 부족함이 없지 않았지만, 이 책

을 통해 독자들이 거인들의 어깨에 가까워질 수 있다면, 나에게는 큰 보람이 될 것 같다.

이 책과 어울리는 짧은 경영 유머 하나를 소개하고자 한다.

새로운 CEO가 취임하면서 전임 CEO로부터 세 개의 봉투를 받았다. "위기에 처했을 때 하나씩 열어보세요."

첫 번째 위기가 닥쳤을 때, 그는 첫 번째 봉투를 열었다. 그 안에는 "전임 CEO를 탓하라"라는 메시지가 있었다. 그는 모든 문제를 전임자의 탓으로 돌렸고, 잠시나마 상황이 진정되었다.

두 번째 위기에서 두 번째 봉투를 열자, "조직을 개편하라"는 메시지가 있었다. 그는 대대적인 조직 개편을 단행했고, 다시 한번 위기를 넘겼다.

세 번째 위기가 찾아왔을 때, 마지막 봉투를 열었다. 그 안에는 이렇게 적혀 있었다. "세 개의 봉투를 준비하라."

　　　　　　　　　　　　좋은 회사 만들기

이 유머는 웃어넘길 이야기가 아니라, 현실적인 조언으로 읽힐 수도 있다. 실제로 우리의 현실은 유머보다 더 우스꽝스럽고, 때로는 비합리적일 때도 있기 때문이다.

AI라는 화두로 대전환을 요구하는 시대, 현 정부는 첨단전략산업에 대한 정책적 지원과 투자를 천명하며 150조 원 규모의 국민성장펀드 운용을 추진 중이다. 나 또한 재직 중인 한국산업은행에서 국민성장펀드 관련 부서로 이동하여 국가적 사업을 담당하게 되었다. 중국의 추격과 미국의 관세 등으로 어려워진 국내 산업 속에서, 국민성장펀드가 우리나라를 AI 선도국가로 도약케 하는 마중물이 되길 기대한다.

출간을 위해 적극적인 도움을 주신 이콘출판 김승욱 대표님께 감사드린다. 또한 더 건강한 사회를 늘 고민하시고 깨어있는 가르침과 추천사를 주신 양채열 은사님, 그리고 나를 M&A실 오른팔로 활용해 주신 김석균 대표님, 정진송 전무, 김석태 본부장에게도 깊이 감사드린다. 늘 나를 위해 기도해 주시는 어머니, 출근길마다 피곤한 몸을 이끌고 ABC 주스를 챙겨주고 내 삶에 큰 안식처가 되는 아내, 본업(공부)에 충실하며 큰 말썽 없이 자라주는 딸 다은에게도 진심으로 고맙다.

이 책이 한국의 독자들에게 만병통치약은 아닐 것이다. 그러나 '좋은 조직과 기업의 조건'에 대해 다시 생각하게 하고, 더불어 개인의 성장을 이끌어 내는 계기가 되길 바란다. 그렇게 우리는 결국 '좋은 회사'를 함께 만들어 가게 될 것이다.

2026년 새해를 준비하며
박수일

좋은 회사 만들기

모든 기업이 활용할 수 있는 사모펀드의 교훈

초판 인쇄 2025년 12월 5일
초판 발행 2025년 12월 18일

지은이 오릿 가디쉬, 휴 맥아더
옮긴이 박수일
편집 김승욱
디자인 이정민 이주영
마케팅 김도윤 양지연
브랜딩 함유지 박민재 이송이 박다솔 조다현 김하연 이준희
제작 강신은 김동욱 이순호

발행인 김승욱
펴낸곳 이콘출판(주)
출판등록 2003년 3월 12일 제406-2003-059호
주소 10881 경기도 파주시 회동길 455-3
전자우편 book@econbook.com
전화 031-8071-8677(편집부) 031-8071-8681(마케팅부)
팩스 031-8071-8672
ISBN 979-11-89318-80-2 03320